Hermann Stehr

Der Schindelmacher - Novelle

Hermann Stehr

Der Schindelmacher - Novelle

ISBN/EAN: 9783744672085

Hergestellt in Europa, USA, Kanada, Australien, Japan

Cover: Foto ©ninafisch / pixelio.de

Weitere Bücher finden Sie auf **www.hansebooks.com**

Der Schindelmacher

Novelle

von

Hermann Stehr

Mit einem Nachwort von
Dr. Hans Knudsen

Verlag von Philipp Reclam jun. Leipzig

Druck von Philipp Reclam jun. Leipzig

I.

Die hölzerne Wasserrinne stand so weit von dem Schindeldache der Scheuer ab, daß von der untergehenden Frühjahrssonne nur ein schmaler, roter Lichtstreifen auf die Tenne geworfen wurde. Er kam etwa in der Mitte des Raumes zu Boden und verlor sich einen Augenblick in den krausen, weißen Holzspänen, wie sie das Schnittmesser des alten Franz Tone quietschend hinwarf. Dann arbeitete sich das rote Licht aus dem Wirrwarr heraus, holperte zitternd über die Späne und kroch wie erschöpft an der Tennwand hinauf, dem Bauern, der breit und träge dort lehnte, über die Lederhosen. Das mochte dem kraftlosen Abendlichte am schwersten fallen, denn die Hosen des Bauern waren spiegelblank gearbeitet, und es fand keinen Halt. Die paar Falten querüber nutzten ihm auch nicht viel; denn wenn es sich irgendwo festgesetzt hatte und Atem schöpfte, noch ein wenig höher zu rücken, fuhr der Bauer mit dem Beine jedesmal auf die Seite, daß das arme Licht wieder auf die Tennwand zurückfiel. Aber was sich so ein Lichtstrahl vornimmt, das macht er, ob es einem Bauern recht ist oder nicht, besonders wenn ihn das Frühjahr schickt. So ließ auch der Lichtstreifen in der Scheune nicht nach, dem Bauern am Beine hinaufzurücken, geraden Weges auf den blanken Uniformknopf zu, an dem die eine Seite des gelbgegriffenen Bauchlatzes hing. Und einmal vergaß sich der Bauer, weil das Schnittmesser des Schindelmachers an einen großen Ast gekommen war. Da rückte der Lichtstrahl gar ungestört weiter und saß bald mitten auf dem blanken Knopfe, balancierte darauf hin und her, sah sich eine Weile lustig um, daß es in dem dämmerigen Raume blitzte, und hüpfte dann eilig mit einem langen Satze hinaus, der Sonne nach . . . zitternd. Ihn fror, und die Sonne blies gerade ihre letzte glühende Wolke in die schwarzen Wipfel des nahen Berges.

Dann war es Abend, und tief im Walde lachte allein noch ein höhnischer Häher.

„Wies schnell Obnd werd," sagte der Bauer.

„Nu ja, das is eim Frihjahre schon ni andersch: schnell donkel, schnell helle; bale wie bei a Kindern, Lachn und Flerrn ei em Säckla," erwiderte der Alte, indem er ächzend an dem Ast herumschnitt.

„Knitsch!" fuhr der Bauer erleichtert auf.

„Wupps, darch war er," setzte Franz Tone fort, ließ das Schnittmesser mit der rechten Hand los und fuhr sich mit derselben über die schmale Stirn mit den wulstigen Falten. Dabei schob er die großschildige Mütze zurück, daß auf jeder Seite des Kopfes ein großes Büschel eisgrauer Haare hervorquoll.

„Manchmol is schwer, gell ock," nahm der Bauer das Gespräch über die Arbeit wieder auf.

„Wenn a Ast kemmt wie der, ach ja."

Der Schindelmacher hatte schon den großen Mund mit den langen, gelben Zähnen geöffnet, und nachdem er die Antwort, auf welche er gewartet, beendet hatte, stieß er ein rauhes Stöhnen aus, lang und behäbig.

„Wie lange machst du schon Schendln, Franz Tone?"

„Genau . . . zu Johanne warns . . . verzig . . . semfundverzig Jahr."

„A hibsche paar Jahrlan."

„Jo, datt warscht du noch a Junge . . . mecht ma sprecha," fügte der Alte respektierlich hinzu.

„Un sen tust de jetze?"

„Alt?"

„Jo."

„Achtunsechzig of a 17da Juni."

„Das wär grade heite iber acht Tage; of de Mittwoche hättste dein' Geburtstag!?"

„Nu — ja — ja — —"

Die Antwort kam zögernd, gedrückt, und Franz warf dabei wuchtig das Schnittmesser zu Boden.

„Aber ma sieht dir'sch nich a, wenn der Koop auch a weng zu Grabe gieht."

„Ich glebs, Kroner . . . aber ich weß."

„Nu das schon."

„Das heeßt, ich fiehls," fügte der Alte mit einem Ernst hinzu, der zu den alltäglichen Worten gar nicht paßte.

„Paßt dir'sch n etwan nich?"

„Passa — — ach nu! — — wer frejt mich n drum?" Dann warf sich der Schindelmacher in die Späne, schob beide Hände unter den Kopf und spreizte die Beine.

„Wer ei a Spenn liejt un keens kan a nie meh wecka, der hots gut," sagte er dann langsam, und sein Auge sah dabei starr auf die braunen Balken der Decke.

„Du meenst . . . tut . . ."

Franz Tone nickte nur stumm.

„Solche Gedanka muß ma met dr Peitsche fat treiba."

„Ja — — aber wohin!"

„Wo se her sen."

„Wenn se aber aus dir selber komma?"

„Ach, kee Pferd beißt sich selber."

Der Schindelmacher antwortete nichts. Er sah Kroner nur bitter lächelnd von der Seite an.

Eine Weile glühte dann sein schwarzes, großes Auge unter den starken Brauen hervor. Im nächsten Moment aber lag wieder die alte, starre Müdigkeit über dem breiten, grobfaltigen Gesichte mit den grauen Bartstoppeln.

„Dir werds also nie giehn — dir, haha, dir! — ich weßt auch nie, wie das komma sollde," lachte er, sich verhöhnend, und spuckte aus, indem er den Kopf zur Seite drehte.

„Mir nie, host recht, Man," stieß es Kroner in wachsender Erregung hervor und schnellte sich aus der lehnenden Stellung auf, „mir nie, ich wer mich auch hitta un wer aso zeitlich eis Ausgedenge kricha wie du. So lange ich a Pflug derhal, geb ich n nie aus a Hända. — — Hä, gell ock, jetze steckt ma sich noch s Brot alleene eis Maul, wenn ma hengert, aso viel wie ma will. Drnoch mußt de zahme tun un aus nr fremda Hand frassa, wie ein Pinscher."

„Recht host de! — Recht — Recht — Recht..."

Der Alte war dabei hastig aufgesprungen, als ob der Bauer eine tiefe Wunde seines Leibes mit spitzem Messer aufgewühlt habe.

Er schlug sich schwer auf die Brust und schrie das erstemal „Recht" gequält heraus. Dann wurde seine

Stimme immer leiser, und er sah sich ratlos vor die Füße, nachdem er ganz still geworden war.

„... recht, alls, alls," nahm er die Unterhaltung wieder auf, „aus m Herze brief mirsch, was de redtst. — — — Aber, mei Guder, wenns Handpferd fahlt, ha, wenn dirsch die Watsche gitt, datt gieht wohl de Kurasche wie der Mettichnebel, dat giebt se — — — ha, un was n drnoch?" —

„Nu, Tone, do rafft ma sich eben wieder uf."
„Womit n?..."

Der Bauer schwieg und sah ihn betroffen an.

Franz aber ward plötzlich erregt, als habe er starken Schnaps getrunken, er ergriff eine Schindel und brach sie freihändig in der Mitte entzwei.

„Nu, un du wellst sprecha, du wärscht schwach!" erwiderte Kroner mit unverhohlener Verwunderung den fragenden Blick des Alten.

„Wie ein Lappa," war die dumpfe Antwort.

„Siehch, ich zerschlag dr met dr Hand en Kieselsteen zu Polver, aber s Laba, s Laba — hach, das Laba!! — wenn ma s Laba verlorn hot, weß ma, was is — —"

„Tone, verflucht, Tone, du werscht erre oder bests schon. Do fuchtelst de fir mr rum wie tolle un häst s Laba verlorn? — Tone! — Tone!" —

„Verlorn! — — es is nich andersch; ich kan mir nich halfa. Das war o jem Marja. — — —

De Sonne schien schreje ei de Stube, do wach ich uf. — Alls is stelle eim Hause. Dronda dr Meller klappert schon.

Ha, Tone, denk ich, macht dirsch n was vir? Heller, lichter Tag; un de Gatte, s Weib, schleft noch?

Ich dreh mich um un seh of se. Wie ein Steen

7

schleft se. Es muß r ei der Nacht schlecht geworn sen, denk ich, se is gar zu blech.

Do gerjelt de Kuhe eim Stalle; a beßla druf de andre. Se hiejan vr Hunger.

Jetz werd se uffsprenga wie dr Teifel! Un ich free mich schon iber de grußa Aja die se macha werd, wenn se sieht, daß se verschlofa hot un daß ich schon offe bin. — Denn ich ha mich schnell aus m Bette gemacht un stieh, bloß de Hosa of a Benn, vir ihr un hal a Odem a: — — — jetz! — — — jetz! — — — jetz! — De Kihe grasseln wieder.

Se riehrt sich nie.

Of emal fengts ein mr a zu kruban un leeft wie tausend Omsa azu eis Herze, daß das stieht un fr a Augenblick nie weeß, solls weiter schlon oder platza ...

Un ich komm mir vir, wie a zusammageschnarrt Klempla, wie n taube Nuß.

Gatte!

Ich kan nie andersch; ich muß rufa.

Ach, wie klang das: wie wenn jemand ganz aus dr Weite um Helfe schreit: huch, zittrich, ganz schwach.

Aber wie das Wort raus is, werd mei Angst wie ein Berg, un ich weß alls, un starb ab.

Ei meiner Brost aber werds gliehnich un stieht langsam uf, langsam das allerinwendigste, das hender dr neinta Haute.

Eim Schlonge bliebs stecka. Ich mocht schlenga wie ich wollde, nie vorwärts, nie zurecke gings.

Plotze werd mr alls egal.

Gatte!

Ich greif of ihre Sterne..... a Steen ei dr Nacht. —

Steif gieh ich naus.

Draußa mach ich s Maul uf, do wurde der heße Vessa eim Schlonge zu Odem un fuhr gliehnich aus m Maule ei alle Luft.

Siehch, Pauer, das war mei Laba. — —

s Herze fand sich wieder, aber leer; de Gedanka, aber kalt.

Dr Treibriema war aßwee, der vo arnd woher, was mr noch nie wessa, ei die Schlenkermaschine, da Menschaleib do, Senn brängt.

Ich ackerte. Ich seete. Ich hackte. Ich hub Korn. Un mir warsch, als wenn ich das alls nie tät, nee, ein anderer, fremder, der mir ganz egal war.

Ein mir aber warsch wie ei em Pusche, wenn kee Leftla gieht — — — dunkel, derstorba.

Eß met der Reihe dr Jahre, s sen r siebne, jeß is wohl schon a wing andersch. Ich kan mei Unglecke fiehla, immer mehr, deßthalbich säte ich vrhin, ich fiehl mei Alder. Dat aber, wo ich aus Rand un Band war, dat ha ich da Bockstreech gemacht..." Er brach ab und stand wie erstarrt still.

„Gude Nacht, Pauer!"

Gewaltsam riß er seine Augen vor dem Abgrunde zurück, in den sie zu sehen schienen, und streckte Kroner zum Abschiede seine bebende Hand hin.

„Gude Nacht, Tone!" Kroner ergriff dieselbe und hielt sie fest. „Aber, du host doch a Kend!" — „Die Seffla? — Du mein!"

Er rief es wie mit schmerzgelähmter Zunge. Als er aber sah, daß Kroner betroffen=verwundert auf= horchte, setzte er mit ängstlicher Hast hinzu: „Kend, ja, ja; mes Weibs Schwasters Mädla, de Ulrich Seffla, a gut Kend, gut, gut, dr Man auch, was Ulrich is, der erscht, nu da, da."

Es sollte überzeugend klingen und die Bitterkeit schrie doch aus den leisen Worten, die der Arme mit den bebenden Lippen hinsprach.

„Kriegst du etwa nie genung zu assa?" riß Kroner ihn aus dem Brüten auf.

„Pauer, sogar was andersch krieg ich."

„Un kee warm Stibla?"

„Se han en grußa Ufa ei i h r e r Stube."

„Kee Licht?"

„Die stecka mirsch noch, wenn ich alleene nich schnell mach ... s härcht doch niemand?!"

Bestürzt über die Worte, welche er gegen seinen Willen gesprochen hatte, sah er sich um; dann wünschte er: „Gude Nacht, noch a mol."

Stumm reichte ihm der Bauer die Hand.

Ehe er Worte finden konnte, war der Schindelmacher durch das Hoftürchen verschwunden. Langsam, gedankenvoll folgte ihm Kroner.

„Tone!" rief er dann plötzlich, einen Entschluß fassend. Mit derselben ängstlichen Eilfertigkeit, welche beim Abschiede an dem Schindelmacher zu bemerken gewesen war, drehte er sich im Gehen um: „Ich muß gehn, ich komm fest zu spet."

Damit hastete er fort.

„Ja, aso is?" — sann Kroner — „o ihr Hunde! s Wertschoftla emsonst un jetzt mecht a schon tut sein! — Das is ja eben! — nee Kroner, de Abwäschern kan mr s Heft aus der Hand nahma, sonst niemand.

Ja, do gleb ich dr alls, armer, aler Tone."

Damit ging er ins Wohnhaus.

II.

„Wenn ma ei a Himmel gieht, mags auch afo fein: man kemmt immer o Lichtern verbei; aber s allerhenderschte, das, was de jetze noch ausfieht, wie eene Finkel=Mecke, das is'," dachte der Alte vor fich hin, während er durch das Abenddunkel den Efchberg zu feiner Wohnung emporftieg.

Das hellere Band des Weges wand fich in fcharfen Biegungen durch die graue Schattenfläche der Wiefen zu beiden Seiten. Platte Steine, die in dem ungewiffen Lichte wie Brote ausfahen, lagen da und dort in der Pfadfläche zerftreut.

Franz fuchte fie mit feinen Füßen, und es war doch gar nicht fotig.

Dann blieb er ftehen und zählte die Lichter, die an der rechten Wegfeite in faft ganz gleichen Abftänden bis beinahe auf die Spitze des Berges zu fehen waren. Die Häuschen, denen fie entglommen, glichen unförmigen Heuhaufen.

„Ens, zwee, dreie . . . achte; derhender fanga de Sterne a. Wer weß, ob das dat a Licht, a Menfchalicht is, oder a Stern? — wer weß? —

Wärfch nie ganz leichte un gut afo fir mich ala Anton Uebrig, ich ging etz a der Lichterreihe nuf, höb de Beene immer mehr, je hicher ich komm — dernochern, wenn ich's Leere under mir fihl, mach ich eefach en langa Schrit. Un wie ichs tu, dreck ich de Aja zu. Ernd wo muß ich doch ufftußa. Of ne Zeit gitt mrfch en Ruck wie em Wäne, der vrm Gafthaufe helt — — mh! — da wern mr ja! — — — ma guckt fich em of dem Sterne — un de andern Sterne wackln em en rem, gemitlich wie Nobbersleite, de finklicha, de gala, de ruta, un drzehla sich vo der Ewigkeit. Hä! ruf ich of gut Glecke aso a Lichtmannla, du, wo magn Meine, de Gatte, wohn'n: Katharina Umlauf, aus'm Sauerborne, wenn r bloß hochdeitsch kennt eim Himmel.

Ha, siehst de, aler Tone, do, kaum daß de gefret host, kemmt aus em ganz weita Lindtwenkel a Gerufe — mh! — spetz de Ohrn! — das kennst de ja vo frieher her: wie de Blomeese fein un lang hin wie a Otterjempfahla pfeift — s kemmt graba Wegs ein mich nei. Ich weß schon wer a su ruft un mach lange Beene eis Bloß nei zu dir, Gatte — ee Schrit, ein allerenziger, un s wär geschehn. Warum, ei aller Welt, warum mach ich n denn nie? Derwarta tu ich mr doch nischt!"

Mit einem formlosen Murmeln gesprächelte er seine verlangenden Traumgedanken vor sich hin. Treibend kam es über ihn. Mit mächtigen Schritten stieg er bergan. Der Schweiß brach ihm aus. Schwer stieß sein Stock auf. Die Augen schauten glänzend, aber nur auf jenes Ferne, das sich an die Weiten seines Innern anschloß.

Leute gingen an ihm vorüber. Er sah sie nicht.

„Met Franz Tonan regierts," sagten sie, sahen ihm nach und dachten: Wer hot schon ein rednich Glecke gesehn?

Aber der Ausgedinger merkte nichts und rannte, als wolle er wirklich heute noch in die andere Welt. Schon ward die Steigung gemächlich. Die zwei Felder breite Platte begann, jenseits welcher der Berg mit letzter Kraft seine Spitze im Schutze des Waldes ins Blau hinauftrieb.

Die schwüle Nacht redete murmelnd mit den Wipfeln des Waldes zu ihm herüber. Wasser plapperten verschlafen darin, und eine einsame Fichte auf dem

Plane bewegte im Traum ihre herabhängenden Äste gleichmäßig und stumm über dem spitzen Giebel eines kleinen Hauses unter ihr. Es war die letzte Menschen= wohnung auf dem Berge und kauerte wie eine schwarze Katze an den Stamm des Baumes geschmiegt. Lauernd sah das Häuschen mit dem unsteten Licht seiner beiden Fensteraugen nach dem einsamen Wanderer aus, der auf dasselbe zuschritt.

Franz Tone glaubte noch immer, er steige; oder wollte er wirklich nun „den letzten Schritt" tun? Ge= nug, er eilte mit seltsam hohen Beinschwingungen ver= sunken dahin.

Er hörte weder das Knarren der Tür des ein= samen Hauses unter der Fichte, noch sah er das Weib spähend auf den Weg treten.

Immer murmelnd, rannte er gerade auf sie zu.

Die Arme entrüstet auf die Hüften setzend, trat diese auf die Seite, augenscheinlich, um sich das Un= geheuerliche bestätigen zu lassen, daß der Alte „be= soffen" am Hause vorbeitorkele.

Wahrhaftig!

Da konnte sie ihre Wut nicht mehr bemeistern:

„Nu, Remleefer," gellte sie mit einer widerlichen Stimme, „haft de dich ausgebockert? Schwein! un we de besoffa best. Scham dich ei a Hals nei!"

Dem Schindelmacher gabs einen Ruck. Er blieb stehen und sah sich zweifelnd um: „Jaa, das is dr Himmel? Nu, ja, ja! es muß wohl wahr sein. Ma härt jo schon de Engala senga."

„Was, Engel? Alla marsch nei etze! Grokoppiger Nachtalb, denkst du, wir warn wejen dir offeblein bis em fufzah?" —

So aus der Höhe sehnsüchtger Träume gerissen,

fand sich der Schindelmacher wieder auf der Sand=
bank seines einsamen Elends.

Das machte den Alten mit dem mächtigen Körper, dem harten Gesicht und den großen, nachdenklichen Augen verschüchtert und scheu.

Unsicher ging er auf das zornige Weib zu: „Seffla siehch, a aler Man vermart un versennt sich halt," sagte er mit bittender Güte.

„A aler Affe, sprich ach," platzte ihre hastige Roheit heraus. Dann lachte sie über ihren Einfall.

Unterdes war auch ihr Mann, von ihrem wüsten Geschrei aus dem Hause gelockt, herzugetreten mit sichc= ren, behutsamen Schritten. Eine Weile sah er von einem zum andern.

„Hihi! — a su eim Dunkel un a su laut? — War= um dn das? — das? war is n das? — Ja — Das is unser Man!"

Franz wich einen Schritt zurück, als er den bieg= sam=bebenden Ton der ironischen Worte des kleinen, mageren Mannes hörte.

„Fall nie, Aler, s wär mr doch gar zu sehr drem, wenn der a Geneipe macha tetst," bemerkte der Kleine, als er den Ausgedinger zurückweichen sah.

Dann kehrte er sich zu seiner Frau:

„Komm, Seffla, ereifre dich nie, s kenn dr schada ei denn Zustända. — Gude Nacht, Tone, zo Omd gassa host de ja schon."

Der Alte folgte den beiden, ohne ein Wort zu er= widern. Die Tür ward hinter ihm donnernd ins Schloß geworfen. Mit zagen, tastenden Schritten tappte er nach der Tür seines Auszugstübchens.

Wahrhaftig, wie ein ausgeblasenes Ei war er und

seine Stärke nichts als eine rauhe, nutzlose Schale. In dem engen Raum, der mehr dem Innern einer großen Kiste mit vergitterten Gucklöchern glich, stieß er gegen die Decke, weil er in seiner Verlorenheit vergessen hatte, sich zu bücken.

„Überal stößt ma a. Dohier hot ma bloß Ruh, wenn ma sich hieleet. —

Warum tu ichs nie? — Warum — warum, fre ich — warum?" frug er sich mit halber Stimme, indem er in zweckloser Unruhe in der Stube umhergriff.

„Das is Bette, wie a Hondeboch̓t — de Überzücha starrn vr Dreck un stinka — mei Hemde wie a Mestbrat — Geft em mich, Wutt, Geiz, ke Liebe, ke Lacha, ke freindlich Gesechte — alls ei Fetza, mei Tage, mei Senna, mei Arbta.

Un wer kan das flecka? — doderfir hots kenn Schneider wie a Tod."

Plötzlich kam er zu sich und erschrak, denn er stand in der Finsternis gebückt vor der fensterlosen Hinterwand und redete auf die Balken ein.

„Tone, das nemmt kee gut Ende," sagte er dumpf zu sich, „Kroner säte ach, säte ach, ach"... und das übrige erstarb in einem Schüttelfrost, denn die Folgen seiner Überanstrengung zeigten sich nun.

Er kehrte an den Tisch zurück, an dessen Langseite das Bett stand und legte den Rest seines Brotes vor sich hin, das in ein buntes Taschentuch geschlagen war. Er knüpfte es mit frostgeschüttelten Händen auf, um die harte, trockene Kruste zur Abendmahlzeit zu verzehren.

Plötzlich überfiel ihn unbezwingliche Müdigkeit. Er schob das Brot von sich, entkleidete sich eilig, legte sich ins Bett und zog die Decke bis ans Kinn herauf.

„Lon mr a Honger. Dr Schlaf is der ala Leite Assa." Dann drehte er sich um und war still.

III.

In derselben Nacht wachte er plötzlich auf und war ganz munter.

Er fühlte sich an die rechte Achsel, denn dort spürte er noch den Druck der Hand, welche ihn gerüttelt hatte, daß er aus seinem leeren Schlafe jäh aufgefahren war.

„Wer is da?" frug er in das Dunkel, in welchem der Schein des späten Mondes wie ein phosphoreszierender Schleier lag.

Nichts.

„Wer?" wiederholte er dringender und richtete sich im Bette halb auf.

Dann starrte er lange mit weiten Augen bohrend in die zitternde Stille.

Je länger er so dasaß und sich bemühte, desto quälender ward ihm die Gewißheit, daß er in einer unendlichen, schwarzen Weite verlassen und verloren kaure, in die kein Licht, keine Hilfe dringen könne. Alles Menschenlebendige zum Errufen zu fern.

„Alleene, ganz alleene, ich, bloß ich," sann er leer vor sich hin in träger Dumpfheit.

Aber es war doch keine Täuschung gewesen, daß ihn etwas geweckt hatte aus seiner Nacht, denn in sich fühlte er ein gespanntes Hinhorchen nach irgend etwas.

„Verleicht dreckts r s Herze ab un do is se komma un hat mich geweckt weils Zeit is."

Sein Haupt fiel ihm auf die Brust. Er zog die Knie herauf und ließ seine Seele in diesen Gedanken hineinstieren wie in einen tiefen Born, regungslos und doch in einem kalten Krampf.

Aber er fand nichts, kein Ende, keinen Entschluß.

Nach langem sank es wieder still in ihn wie Schnee aus wolkenschweren Weiten:

„Wer sällds sein? — Wen hätt' ich eim Himmel un of dr Arde, ders gut mit mr meent?" —

Aber den Namen seines toten Weibes behielt er als geheimes Wissen für sich. Denn er fürchtete, dadurch den Geist zu verscheuchen, den er nun immer deutlicher um sich fühlte.

Behutsam legte er sich wieder hin, horchte und wagte nicht, sich zu rühren.

„Wenns wahr is, kemmts, dreimol," dachte er und spürte, wie Erwartung seine Brust einschnürte.

Sein Blut brauste vor den Ohren wie ein meilenferner Wald.

Glitt da nicht etwas an der Wand hin, leise wie ein streichendes Kleid? — — Ja! — — und die Schritte? — — nein! — — doch! — — wie wenn ein schwacher Wind ein dürres Blatt über den Boden rollt — ein leises Picken — dazwischen ein huschendes Schleifen — am Tisch vorbei — weiter nach dem Ende des Bettes hin — peinigend — langsam.

Mit weiten Augen folgt er der Richtung der geheimnisvollen Laute.

Es weht wahrhaftig hin, kaum wahrnehmbar, und doch unterscheidet es nun auch sein Blick genau, je länger er ihm folgt: im eintönigen, zitternden Grau um ihn, etwas Schwarzes, ohne Arme, ohne Beine, ohne Kopf, massig wie eine Wand.

In den stillen Bewegungen aber liegt doch die Gravität eines gebietenden Wesens, und jetzt, wo ein schwebendes Neigen über dasselbe kommt, spürt es, wie sein Tiefstes in ihm wie stammelnd sich auf die Knie wirft.

„Nichts, nichts," beschwichtigt er sich und fühlt doch, wie sein Inneres sich auftut, als wolle er den unbeschreiblichen Schatten in sich saugen in eiskaltem Hunger.

Da steht es endlich still an seinem Bettrande, ein Abgrund in der Luft, unbeweglich.

Gebannt schaut er hinein; ganz machtlos; voll Qual. Er fühlt, wie etwas Unnennbares durch den zitternd stehenden Strahl seines Auges dort hineinfließt in das düster Wartende.

Das kommt aus den heiligsten Weiten seiner Seele. Mit weichschattenden Flügeln der Nachtvögel weicht es, wie eine Wolke von dem glänzenden Spiegel eines Kinderauges, so schwindet es. Hinter ihm tut sich eine blasse Fläche auf mit einem lichtzitternden, unendlichen Horizont. In den angstvollen Hallen seines sichtbaren Fühlens aber hob sich, schwach und schlaff, ein Wunsch nach Hilfe.

Dann ist die Erscheinung vorüber, und die Nacht hat ihn aufgesogen, ganz, ohne Rest, selbst kein unruhiger Traum bleibt übrig.

Ein Ruf, der todmüde in eine leere Weite sich verliert, ohne ein Echo zu wecken, war das Leben des alten Schindelmachers nach dem Tode seines Weibes.

Er sehnte sich nicht nach ihr, damit seine Tage bunt um ihn hüpfen sollten. Er verlangte nach ihr, wie der gefällte Baum nach der Wurzel.

Aber es war kein formenreiches, vielgestaltiges Verlangen. Wie ein schwerer, regungsloser Nebel lastete es über ihm, daß seine Jahre hingingen, gleich gepreßten Atemzügen, die weder kräftigen, noch entlasten.

Zwecklos wie der Wind wandelte er umher.

Wie der Waldbaum fühllos die dürren Nadeln fallen läßt, sanken die Gedanken aus seiner Seele.

Seine Träume selbst veröden.

Zuletzt waren es nur noch träge durcheinanderwogende Wände, leblose Rufe, leere Geräusche, lastende Berge, dumpfe Flucht, sinnlose Angst.

Mißmutig ging er zu Bett.

Sein Aufstehen war eine Flucht.

Oft lehnte er lange vor Tagesanbruch schon angekleidet am Fenster und sah sehnsüchtig nach dem Walde hinauf. Wenn dann der erste, gelbe Strich über dem Berge aufglomm, kam das Gefühl der Sicherheit in ihn.

IV.

Aber am folgenden Morgen war es anders.

Schon hatte das Avegeläut in den Tälern ausgeklungen. Die Axt der Holzmacher pochte schon aus dem nahen Walde. Selbst der alte Hannig saß schon auf der Bank vor dem Hause und blinzelte in die Sonne.

Aus der Stube des Schindelmachers drang noch kein Laut.

„Ullrich, gieh amol un horch a dr Tiere, es riehrt sich noch nischt eim Stibla," sagte das Weib zu dem Kleinen.

Er ging. Nach einer Weile kam er zurück und

schüttelte den Kopf, indem ein vergnügtes Lächeln die magere Haut über seinem spitzen Gesicht in fadenscharfe Falten spannte:

„Seffla, was meenst de, wenn a tot wär?"

„Gieh und siehch glei orndtlich, Gustla, gieh. A tat mr schon gestern aso kemsch."

In glücklicher Ungeduld sprudelte das Weib diese Worte auf den Kleinen, der sich in gehobener Stimmung abermals auf den Weg machte.

Leise drückte er die Tür auf und spähte mit langem Hals in die Stube des Ausgedingers.

Das Weib war zu ihm getreten und schaute mit gespannter Neugier über seine Achseln in den kleinen Raum.

Franz lag regungslos auf dem Rücken in seinem Bett. Seine Augen starrten nach der Decke hin. Wie ein Toter sah er aus. Nur um seine Lippen spielte eine lebendige, verwunderte Freude.

Der Kleine stutzte.

„No was siehst n Man?" frug Josepha ungeduldig, schob Ullrich beiseite und polterte über die Schwelle. Da schrak der Alte in die Höh und sah enttäuscht auf die beiden.

„Hä, hä," wandte sich das Weib höhnisch zu ihrem Manne, „das wär mr eener zum Sterba. Eh der ni de letzte Schendel vom Dache gefrassa hot, leet a sich nie hin. Der is grundglupsch, den kenn ich besser"

Ullrich ward blaß. Sein stummes Lächeln war häßlich. Mit leise bebenden Worten antwortete er:

„Nä, Seffla, der sterbt nie, der verfault bei lebendigem Leibe. — Gell, Tone, das werscht de macha. — A fengt jo schon a, rich, wies stinkt. Pfui Teifel!" und spuckte aus.

Wieder war es das Gift dieser süßlichen Stimme, das den Alten ganz zu sich brachte.

„Gieht, gieht, ich komm glei," antwortete er schüchtern und drehte sich gegen die Wand.

„Un schnell, Ullrich hot keene Zeit. Du sollst de Katoffan emfahrn," gebot ihm hart das Weib im Abgehen. Dann fiel hinter den beiden die Tür laut ins Schloß und Franz stieg behutsam aus dem Bett.

Sein Gesicht nahm wieder den Ausdruck gespannter Aufmerksamkeit an, als er sich allein sah. Im Ankleiden hielt er einigemal inne und sann vor sich hin.

„Was war das ei dr Nacht?" frug er sich und schüttelte den Kopf.

Dann sah er unter das Bett: ein paar schmutzige Hemden, alte Schuhe und Stiefeln, an denen große Krusten trocknen Kotes klebten.

„Das leeft nie," überlegte er.

Er klopfte da und dort prüfend an die Wand und untersuchte, ob alle Fenster geschlossen seien.

Er fand nichts Verdächtiges. Trotzdem stand es in ihm fest, daß heute nacht etwas geschehen sei.

Er erinnerte sich greifbar deutlich an alles, besonders daran, wie er im Bett gesessen und das Stille, Schwarze angesehen hatte und wie etwas Unnennbares aus ihm durch den starren Blick seines Auges in dasselbe hineingeflossen war, eine stille Erleichterung zurücklassend. Der Krampf einer inneren Verknotung hatte sich selbst gelöst, und sein Wesen war in erschöpftem Aufatmen ins Breite geflossen.

So war er eingeschlafen, so war er erwacht.

Schon spielte der Morgensonnenstrahl mit dem Staub seines Stübchens, als er seine Augen öffnete.

Er tat es mit Wohlbehagen. Als ob er im Schlaf ein kräftiges Essen zu sich genommen habe, so behaglich war ihm beim Aufstehen. Seine Seele hatte Wurzeln bekommen. Wie auf breiter, fester Unterlage dehnte er sich.

Und alles das hatte ihm der stille Schatten gebracht, der nächtlich an ihm vorübergewandelt war.

Gerüttelt hatte es ihn auch, fiel ihm ein, wachgerüttelt...

Jetzt, da er stand und darüber nachsann, kam ihm der Gedanke, daß er in der Nacht aufgestanden sei.

Allein, er hatte doch so tief und fest geschlafen! Wie konnte ihm so etwas in den Sinn kommen: fest geschlafen zu haben und dabei aufgestanden sein.

Doch je leidenschaftlicher er den rätselhaften Widerspruch verwarf, desto hartnäckiger kehrte er wieder.

„Ich wer a wing ei de Sonne sehn, da werds vergiehn," dachte er und schaute angestrengt ins Licht hinaus, indem er sich bemühte, auf irgend etwas seine ganze Aufmerksamkeit zu lenken. Allein dieser widersinnige Gedanke verdrängte jede Wahrnehmung und beherrschte hartnäckig sein Bewußtsein. Eigentlich war es kein Gedanke; es war mehr ein Zustand der scharf umrissen, gleich einem Begriff ihn erfüllte. Aber er war doch nicht stetig: er wandelte sich ab, floh, drang an; zerfloß zu einem zitternd leichten Licht in dem Gefüge seiner Seele, schloß sich zusammen, wie ein befreiender Plan. In all seinen Veränderungen blieben seine äußeren Grenzen scharf und klar, und sein ganzes Wesen dehnte sich in ihnen so sicher und still, wie er es schon lange nicht gefühlt hatte.

Jetzt eben schwebte es wieder herbei und doch aus einem lebendigen Regen in ihm, und er empfand es wie hüpfende Wellen eines schnellen Bergwassers, wie goldgleißende Staubkörnchen, die leicht zum Tanze aufstehn ... also doch: aufgestanden. Alle diese Vorgänge waren einem geheimen Verstehen so ganz klar und dem wachen Verstande des Alten so unbegreiflich, daß eine heiße Beängstigung über ihn kam.

Alte Leute werden manchmal verrückt! — Mit bebender Hand strich er sich die grauen Haare hinter die Ohren. Vielleicht war er es schon! — —

Voll Schreck öffnete er die Weste, welche er eben zugeknöpft hatte, wieder, riß sein schmutziges Hemd auseinander und starrte auf die behaarte, mächtige Brust:

„Das sein Haare," sann er, „da und dort eene groë, un da am Maja stißt der Odem raus un rei. — — A Verrecktes weß das doch nemme."

„Gutt, gutt," murmelte er nun befriedigt, wandte sich und verließ mit festen Schritten sein Stübchen.

Als er aber die Wohnung seiner Wirtsleute betrat, den dumpfen Geruch gekochter Rüben atmete, des Weibes widerlich gellende Stimme hörte und den mageren Mann mit behutsamen Schritten wie eine Spinne umherschleichen sah, kam die alte Schlaffheit über ihn. Er setzte sich wie immer leise an den Tisch, langte sich zaghaft eine Kartoffel aus der Schüssel und schnitt sich schüchtern ein kleines Stück Butter auf seine Brotschnitte.

Allein in ihm lag doch nicht eine solche vollständige Kraftlosigkeit wie sonst. Eine Unruhe lebte da fort, eine aufstehende Bitterkeit.

„Man, du machst jo heite ein Gesechte wie ein

zertratner Latscha," höhnte der Kleine, der sich auch, ihm gegenüber, an den Tisch gesetzt hatte.

„Lach du meintswegen, wenn de kannst," brauste das „Auferstandene" rauh-trotzig aus seiner Seelentiefe, ganz gegen seinen Willen, der noch stumpf und ruhend in ihm lag.

„Nanu?"

Der Kleine prallte vor diesem natürlichen Zorn des Alten, wie vor etwas Unerhörtem zurück.

Aber als er den Mut wiederfand, den Ausgedinger scharf, forschend anzusehen, saß schon wieder der müde Alte von immer ihm gegenüber.

Ein schwach zuckendes Beben war alles, was das geheim erwachte Leben in die tiefen Falten seines groben Gesichts warf.

Das gab dem Zwerg seine schneidende Härte zurück.

Nach einem kurzen, lauernden Brüten stieß er kochend heraus: „Jetz sieh'ch, daß de de Kühe rausnemmst!"

Plump-willig wie ein frommer Stier erhob sich Franz und trottete hinaus.

„Ich wer dich kuranza!" rief in wilder Kühnheit Ullrich hinter seinem breiten Rücken her.

V.

Es war um die siebente Morgenstunde, als der alte Franz mit den angeschirrten Kühen auf dem Plane vor dem Hause unter der einsamen Fichte erschien.

Ullrich verschwand eben hinter den ersten Bäumen des Waldes, ein Beil auf der Achsel, ein Bund Stricke in der Linken. Die beiden blanken, rotgestriemten Tiere spitzten die Ohren, schlugen vergnügt mit den quastigen Schwänzen und brüllten vor Behagen in die reine Luft, die noch von der letzten Nachtkühle erfüllt war. Der Wald warf lustig den Laut zurück. Sein Schatten erstreckte sich noch bis an den Weg. Nur sehr langsam schwankte er zurück. Jenseits des Wegraines lief die Feldflur, die einst des alten Schindelmachers ererbes Eigentum gewesen war und die er vor sieben Jahren in der Trunkenheit seines Elends gedankenlos verschenkt hatte. Sie legte sich als langer, schmaler Streifen in einem flachen Bogen vor den Wald, ohne jedoch an ihn heranzureichen. Dazwischen breitete sich eine ebenso schmale Wiese als Schutzgürtel aus, in deren kurzem Grün verwitterte Sandsteinblöcke und kleinere Brocken zerstreut lagen.

Die Waldbäume hassen die Frucht gepflügter Äcker. Sie haben einen beißend rauhen Atem. Den blasen sie den Pflanzen, die unter des Menschen Sorge stehen, ins Gesicht, ins Herzblatt, bis ins Würzelchen, daß sie zart bleiben, sich gelb färben und endlich verwelken, ohne Frucht gebracht zu haben. Ja, der Keim in der Erde erstarrt sogar zu Tode vor der Luft dieser unbarmherzigen, spitzen Nadeln.

Nur dem Gras, das der Herrgott selber sät, erlauben die Buschbäume, daß es zu ihren Füßen spiele und lache mit seinen geschwätzigen Schwingeln.

Dann neigen sie wohl gar neugierig ihre riesigen Äste tief zu Boden, um zu erlauschen, was die winzigen Krautmännlein sich wispernd erzählen.

Oft bricht dann der Wald plötzlich in ein donnerndes Gelächter aus, über die kindischen Heimlichkeiten des kleinen Grases.

Das ist ein wilder, tobender Laut, wenn der schwarze Waldriese mit seinem ganzen Leibe lacht.

Und die weißen Wolkenjungfrauen, die in dem blauen Himmelsbett über den Wipfeln schlafen, erwachen davon. Ein Zittern des Schreckens fährt in sie. Ihr Vater, der Wind, springt auch auf. Erst wirbelt er bestürzt umher. Dann nimmt er seine geängstigten Töchter auf den Arm und eilt in großen Sätzen stoßend dahin, daß die zarten Kleider der Luftmädchen lang nachwehen.

Über die Felder auf Erden huschen dann schnelle Schatten. Das ist der Schrecken, der hinter den angstvoll Fliehenden herjagt. Und auf den Fluren, über welche er eilt, bücken sich die furchtsamen Halme. Ist er davon, so richten sie sich langsam auf und wiegen dann noch eine Weile mißbilligend ihre begrannten Häupter wegen der plötzlichen Störung.

Darauf stehen sie wieder ganz still. Die verscheuchte Sonne kommt hervor und macht sie ganz zutraulich. Sie erzählt ihnen von dem Segen, der aus ihrem hohlen Halme einst wachsen wird. Das ergreift die Saat des Feldes heiß bis ins Herz, daß ihre Freude in zitternder Glut über ihnen schwebt.

Den Alten bedrückten seit sieben Jahren das erstemal diese Märchen der Frühe nicht. In einer weichen, wollüstig-öden Versunkenheit stand er da und wartete auf Josepha, die er noch im Hause mit leerem Holzgeschirr polternd hantieren hörte.

Er stand kerzengerade hinter den Kühen, kehrte seine Brust dem Walde zu und atmete in tiefen Zügen die Kühle, welche von dort herüberströmte.

Seine Brust sog die Luft haftig. Denn er nahm mit Genugtuung wahr, daß die stille Sicherheit, welche der vorüberwallende Schatten der Nacht ihm gebracht, durch diese befreienden Atemzüge heraufgeholt wurde und in all seine Sinne floß, eine fast vergessene Frische und Stärke ihnen bringend.

Als sinke eine Binde von seinen Augen, so sah er. Und alles um ihn her bekam sattere Farben, lautere Töne, erquickende Bewegungen.

Mit Lust griff er zu; bald standen die Kühe in den Pflug gespannt.

Dann knallte er ungeduldig zweimal mit der Peitsche und sah dabei nach der Tür hin, ob das „Weib" bald komme.

„Heda!" rief er darauf.

Wie das k l a n g !

Drum noch einmal: „Heda!"

Nun schrie er es.

Zuletzt war es gar keine Ungeduld mehr, ein stürmender Ruf. Mit jedem dieser trompetenden Stöße flog ein Teil des letzten Restes jenes geheimen Bannes aus ihm, unter dem er sieben Jahre gestanden.

Und sein Ohr trank das bunte Echo seiner Stimme als eine Erfrischung für die Seele. Es war eine Wonne für ihn, ein Selbstoffenbaren. —

„Aler Narr! was grasselst de denn? — da stieh ich un du päckst wie ungescheide."

Das Weib stand hochgeschürzt am Kopfe der Handkuh. Sie ergriff jetzt die Halfter derselben und riß ziehend: „Nu jetz, hüoh!"

Aber Franz stand noch still unter der Wirkung der Selbsterkenntnis.

27

„Du, Seffla," redete er in stolzer Freude, „ruf du amal," und sein Gesicht glänzte.

„Hans!" gellte das Weib wütend.

Ein schriller, dünner Laut verlor sich in den Stämmen des Waldes.

Aber: „Auf!" donnerte der Schindelmacher mit voller Lunge hinterher.

Und sein Echo fuhr pfeilschnell zurück. Wie ein sausender Faustschlag kam es über das kraftlose feindliche Echo und streckte es auf halbem Wege zu Boden.

„Ja, ja!" reckte sich der mächtige Graukopf und blickte in Siegerstolz auf sie hin, ohne jedoch vom Flecke zu rücken. Josepha erlag. Es war ein Kampf, den ihre Geister ausfochten; aber da überkam das Weib eine sinnlose Wut. Sie stieß die Tiere mit den Füßen in den Leib, daß sie vor Schmerz anzogen.

Allein in jähem Trotz packte der Ausgedinger den Pflug und riß mit riesiger Kraft das Gespann samt dem zappelnden Weibe zurück:

„Haha, Seffla, nie eher ziehn mir vom Flecke, bis ich wil!"

Dann duldete er lächelnd, daß ihre Ohnmacht ein ganzes Register der unflätigsten Schimpfnamen herunterkeuchte.

Endlich knallte seine Peitsche.

„Jetz hüoh!"

Die Kühe gingen in gleichmäßig ruhigem Schritt. Der Pflug wühlte klirrend durch den steinigen Sandboden und warf den Acker an den jungen Kartoffelpflanzen hinauf.

Zwei Furchen ging alles glatt und ruhig. Bei der dritten begann das Weib aus Ärger über ihre Niederlage zu keifen: bald ging es ihr zu langsam, bald zu schnell, bald zu weit rechts, bald zu weit links; nun zog Franz die Furchen zu tief, nun zu seicht.

Da zügelte der Schindelmacher seinen Zorn nicht länger. Er hieb auf die Kühe ein, daß sie wie toll rasten. Das Weib stemmte sich aus Leibeskräften gegen die Eile. Sie wurde mitgeschleift. Ihr Rufen ward schrilles Weinen. Aber Franz war wie trunken. Sein großes Auge funkelte. Mit wilder Kraft stieß er den Zugtieren den Pflug noch fortwährend in die Beine, sie immer mehr aufstachelnd. Sie bedeckten sich mit Schweiß. Das Weib wankte schlaff neben ihnen her.

Mit einem Ruck hielt er endlich an und trocknete sich die feuchte Stirn mit seiner großen, braunen Hand.

Josepha warf ihm einen giftigen Blick zu.

„Nu, Seffla, nee, nee! Ich muß nie, wenn ich nie wil, merk dirsch," antwortete er.

Dann führte er seine Arbeit ruhig und still zu Ende, leitete die Kühe in den Stall, band sich das Stück Brot, das diesmal noch kleiner als sonst ausgefallen war, in das bunte Taschentuch, ergriff den Stock und verließ das Haus.

Vor dem Wohnhaus der Nachbarstelle auf einer Bretterbank saß sein Freund, der alte Hannig. Es war ein Greis. In seinem gelben, aufgedunsenen Gesichte steckte eine dicke Nase, kurz und blau wie eine reife Pflaume. Er füllte sie eben umständlich und sorgfältig voll Schnupftabak und bot dem vorübergehenden Schindelmacher eine Prise an, als er dies Geschäft beendet hatte, um dann sogleich sein unendliches Gespräch zu beginnen: „Ein Juni, wie a sich gewascha hat, stelle, warm un schien."

Franz saß sonst stundenlang plaudernd neben „dem

Nubber". Heut war es ihm peinlich, seinen Altersgenossen zu sehen, der atemlos schwätzte und dazu komisch mit dem weißen Kopfe wackelte.

In der müden Luft, die diesen welken Menschen umgab, empfand Franz in sich eine jugendstarke Überlegenheit. „Gemare," dachte er und schwieg, indem er schnarchend den Tabak in die Nase zog.

„Du hattst wohl Striet mit a? s gorjelte jo vorhin aso?"

„Striet," wiederholte der Schindelmacher gelangweilt.

Und dann kurz und bündig: „Lab gesund, Guste!" Damit ging er.

Hannig sah ihm verständnislos nach.

„Ein komscher Kalle das, der Franz Tone! Hä, hä, hä, hä!", und er stieß seinen abfällig meckernden Husten heraus. „Un immer eim Frijahre, ems Schossa rem, als wenn den dr Saft noch ploga tet. Hä, hä, hä!" —

Denn wie konnte er wissen, daß dem Schindelmacher sein verlorenes Leben wiedergekommen sei? Es offenbarte sich als ein Drang nach lauten Rufen, nach langen, festen Schritten; als frei umherschweifende Blicke. Franz hob den Stock höher als sonst und stieß ihn schärfer nieder.

Es erfüllte ihn wie Flackern, wie das Wogen losgelöster Wände.

Als er nach einer halben Stunde wieder auf seinem harten Balken saß und mit dem Schnittmesser breite, krause Späne von dem Holze schnitt; als ihn das trübe Licht und die Einsamkeit der Scheuer umfing, ward er ruhiger und sann darüber nach, wie das alles eigentlich gekommen sei, daß jenes Leben hinter der neunten Haut doch noch einmal in ihm wach geworden war.

Nichts als der Frühling hatte das gebracht.

Immer, wenn der Lenzsturm die Winternebel von dem fernen Bergkranze gerissen hatte und die blauen Weiten der Ebene durch den tiefen Paß herübergewinkt mit ihren verschwommenen Linien, war statt der ruhigen, sicheren Dumpfheit in ihm auf unerklärbare Weise ein tiefer Schmerz aufgestanden. Aber es war stets ein kraftloses Wühlen in den traurigen Verhältnissen seiner unwürdigen Lage geblieben. Sein Zagen wurde ihm nur neu geboren, sein furchtsamer Ärger.

Wohl fühlte er im Mai durch seinen Körper neue Frische gehen. Allein diese Stärke lastete dann auf ihm, wie eine quälende Bestätigung seiner Ohnmacht.

„Ha, ihr schwacha, derra Leite, wie lechte hatt ihrsch. Mei Kraft is bloß ein Packs Elende fir mich."

Denn kein befreiender Entschluß raffte sie auf, kein Plan leitete sie. Das wollende, hoffende, buntstreitende Leben hatte man mit seinem Weibe ins Grab gelegt. Sein männlicher Geist war mit jenem heißen Atemzuge des Schreckens aus seinem Leibe geflohen, da er sein Weib tot im Bette gefunden hatte.

Stumpf dasitzen und auf den Tod warten.

Diesen Frühling aber war das Würgen heißer gekommen. Besonders ein Ereignis hatte das deutlich erwiesen.

An einem Sonntagmorgen hatte er zu seinem kleinen Fenster hinaus auf den Weg gesehn. Da geht zwar die ganzen zwölf Tagstunden meistens niemand auf und ab. Aber es gewährt doch ein Vergnügen, die halbverwischten Fußeindrücke im Sand des Pfades zu betrachten. Daraus kann man sich allerhand Geschichten zusammensimulieren.

So sah auch er hinaus auf den Weg und las aus den Spuren, welche dort im Wege lagen. Eigentlich tat er das nicht freiwillig, sondern irgend etwas seines Innern hatte ihm gesagt, er möge doch hinaus ins Grüne sehen, „ins Leben", ins Licht, dann werde er das Gefühl loswerden, als drückten von hinten unsichtbare Fäuste auf den Kopf.

Mühlos sah er eine Geschichte.

Da lagen in der Wegesmitte, achtlos hingeplumpt in den tiefsten Sand, breitsperrig, Spuren, wie mit dem Boden eines Fäßchens gedrückt. Dahinter, sich immer in gleichem Abstande haltend, folgten eine lange, schmale Fußsohle, und eine Vertiefung, die mit zuckenden Zehen gewühlt war.

Haha, redeten seine Gedanken die plumpen Fußtapfen an, Fischerla, du denkst auch, der Herrgott let a Pusch fr alle wachsa, wie a Himmel. Nu ja, ja! — Aber, was brauchstn da glei aso en Wezel vo nr Kiefer zu stahla, taß dirsch de Beene auseinandergleeft? —

Du kunntst jo zweemol giehn. Dem Weibe, trät se auch bloß a Weppel, werds doch zu schwer mit ihrer bisa Pfute. — — — Da klingelt störend ein Gewirr feiner, junger Töne den Berg herauf. Schnell wirbeln sie näher, und schon flattern vier bunte Mädchenkleider um die Ecke.

„Da back nr, da is Sand wie weßa Mahl schien."

Die Kinder quirlen jauchzend durcheinander, ganz gefangen von ihrem Glück, und werden den Alten nicht gewahr.

Bald sind die Ämter verteilt. Ein etwa siebenjähriges Mädchen schlägt mit einem Span süße Butter im Staube, eine kugelrunde Kleine schmiert die Kuchenbleche, indem sie eine Menge Steine sorgfältig mit der Hand bestreicht. Eine Dritte macht den Teig zurecht in einer tiefen Radspur.

Die Hausfrau, das blonde Nesthäkchen aus Hannigs Hause, sitzt auf dem Rain, die Hände müßig auf dem unschuldigen, leuchtenden Gesicht. Ihre tiefblauen Augen gehen in glänzendem Glück.

Wie das zwitschert und lacht und schilt und klug spricht ... Aber dem Schindelmacher geht bei dem Anblick dieses lieblichen Bildes das Herz nicht auf. Das Erscheinen der Kinder war ihm zuwider, und doch sieht er nun aufmerksam gespannt auf jeden Griff dieser kleinen Hände, auf jeden Schritt dieser flinken Füßchen — und doch wächst dabei sein Unbehagen zur Pein. Hinauslaufen, so einen Balg packen und schütteln — schütteln — schütteln — daß — daß. — Endlich war es ihm zum Schreien unerträglich, und sein Ruf poltert rauh unter die spielversunkenen Kinder, daß sie springend davoneilen.

Als aber der Weg nun wieder so verlassen liegt und niemand darauf spielt als das feiertagsstille Licht der Sonne, fühlte er seine Öde, seine Vereinsamung, seine Trauer so tief wie nie zuvor. —

Dieses Bild der spielenden Kinder blieb in ihm gleich einem hellen Heraufleuchten.

Auf diesen glänzenden Hintergrund zeichnete sein Brüten mit wollüstiger Bitterkeit, mit peinlicher Genauigkeit alle Härte, Lieblosigkeit und Vernachlässigung, mit welcher die Wirtsleute sein Leben verwundet hatten. Und als er fertig war, lächelte er nicht bloß blöde wie sonst. Nein, sein Leiden erhob sich aus langer, dumpfer Ruhe und begann nach einem Ausgange hin zu drängen.

Mit tausend versprengten Stimmchen rief seine zersplitterte, gepeinigte Seele ohnmächtig nach einem Ende.

Und der Frühling brachte ihm die Erlösung.

Wie die Sonne höher gestiegen; die Wolken ferner geflogen waren; wie die Welt sich bunter geschmückt und das Lied der Vögel immer leidenschaftlicher geklungen hatte: löste sich endlich aus dem toten Geröll seines Innern das erstemal eine geschlossene Sehnsucht. Gestern abend auf dem Heimwege hatte er sie stammelnd den Sternen ins Jenseits zugerufen. —

Das alles wälzte sich vor dem inneren Blick des alten Mannes vorüber als eine Flucht unverstandener Bilder, deren Inhalt und Verkettung er als eine aus Düsterkeit sich mehr und mehr an das Licht eines ruhigen Friedens heraufarbeitende Stimmung empfand.

Er hatte schon lange zu arbeiten aufgehört. Die Arme mit gespreizten Fingern steif auf die Beine gestützt, saß er regungslos in der Scheune auf seinem harten Balken und starrte mit weiten Augen auf das Gewirr der Späne.

Der Bauer ging um diese Zeit durch den Hof, an dem halboffenen Scheuntor vorüber. Als er den Schindelmacher so regungslos sitzen sah, schlich er sich hinein und lehnte sich leise an die Tennwand.

„Nu wil ich bloß sehn, wie lange das dauert!" dachte er.

Plötzlich fuhr Franz jäh in die Höh und griff eilig nach dem Schnittmesser. Als er Kroner sah,

schaute er ihn lange mit seinem noch immer traum=
starren Gesicht an. Dann begann er in geheimnis=
voller Freude zu lächeln, wozu er bedeutsam und schwer
mit dem Kopfe nickte.

Endlich kam es träge, noch mit seinem ganzen
Gefühl belastet, hervor: „Ja, ja, Kroner, sieh'ch mich
a; ich bin ein andrer jetze, ich leb wieder. — Heite
nacht is der Tod an mr vorbeiganga, wie ein schwarz
Tuch, stelle wie ne Wand. Un entweder muß ich
henderm anoch oder s is gutt." —

VI.

So also hatte sich dem Schindelmacher sein zu=
rückgekehrtes Leben geoffenbart: Durch die Märchen der
Frühe war es über seine gereckten Schultern als tau=
starke Ruhe hingeflossen; auf seinen stürmenden Ruf
hatte es mit einem jauchzenden Echo geantwortet, das
ihn vollends wachgerüttelt hatte; und endlich, das
erstemal nach so langen Jahren, hatte ein mannes=
zorniger Wille den Weg zu den verfallenen Minen
seiner Kraft gefunden, um sie in toller Tat zu spren=
gen. Vor seinem schnaubenden Lachen war die Wut
Josephas in ohnmächtiges Weinen umgeschlagen.

Alles das war aus seiner einsamen Todessehn=
sucht, die ihn auf dem Heimwege überfallen, herüber=
gewallt auf tausend geheimnisvollen Wegen. Es
tropfte auch aus den zahllosen Wunden, die er in sei=
ner Geducktheit empfangen. Wie durch dämpfende
Watte empfand er jetzt jenen jahrelangen unwürdigen
Zustand.

In der ersten Freude seines Wiedererwachtseins
vergaß er ganz, daß er noch krank sei.

Am Abend ging Franz Tone heim mit der sinkenden Sonne wie immer. Er trug nicht wie sonst seine vertrocknete Brotrinde im roten Taschentuche wieder nach Hause. In schmalzender Gemächlichkeit hatte er die harte Kruste als sein Mittagbrot verzehrt. Jene wilde Unruhe, jenes Wogen losgelöster Wände war ganz aus ihm geschwunden. Sein Schritt war wieder wie sonst, nur etwas länger und ruhiger. Der Kopf, leise nach vorn geneigt, nun nicht müde hängend; wie suchend. Seine Augen glänzten dabei in gleichmäßiger, weiter Schöne. In den starken Falten seines groben Gesichts lag Verklärung.

So ging er hin, achtlos auf alles Äußere. Sein Sinnen sah auf das Bunte in ihm, das Licht. Und als er um eine Biegung zu treten im Begriff stand, bemerkte er, daß der Dorfweg durch spielende Kinder gesperrt sei. Sie drehten sich im Kreise und sangen:

"Florian, Florian,
Hat gelegen sieben Jahr.
Sieben Jahr sind um,
Florian dreht sich um."

Er fand sich nicht einmal versucht, wie sonst mit einem ärgerlichen Brummen vorüberzugehen, sondern blieb, von dem niedrigen Geäst eines Pflaumenbaumes gedeckt, stehen und sah mit Interesse dem wippenden Kreisgang der Kinder zu.

Derweil verglomm der Tag in seliger Ohnmacht. Die Schatten woben eifrig immer schwerere Schleier. Da vor ihm auf dem Wege tanzten die Kleinen in süßer Eintönigkeit und sangen das Lied von dem auferstandenen Florian der versunkenen Sonne nach. Seine Aufmerksamkeit ward zur starren Rührung.

"Florian dreht sich um!"

Die Kinder schrien es noch ein letztes Mal im Übermut auf, haschten einander, gaben sich schäkernd den „Letzten" und verschwanden in den umliegenden Häusern, aus denen man schon nach ihnen gerufen hatte, durch das Astgewirr der Obstgärten. Und alles war ganz still. Über dem Walde wachte die Nacht auf.

Franz schrak auf aus den Banden eines Entschlusses, dessen Regen durch den Gesang der Unmündigen, fern in seiner Seele entstanden war. Mechanisch fiel er in seinen gleichmäßigen Gang. Als er über die Stelle schritt, auf welcher die Kinder getanzt hatten, blieb er unwillkürlich stehen und sah im Kreise umher. Dabei schüttelte er seinen Kopf und lächelte voll Genugtuung in sich hinein. „Was aso de Kender nich alls wessa. — Ja, aber verstehn tun s'es nich. Das kömmt freilich erscht speter. Denn wes Menschakend mag ei dr Jugend Essig?"

Dann schritt er wieder weiter; aber aus seiner gesammelten Haltung ging hervor, daß der begonnene Gedanke tiefer drang, sich vielfältiger verknüpfte mit all dem Ruhenden in ihm.

Zwischen dem ersten Berghaus und dem Dorfe, das, nun schon in Nebel gehüllt, links zu seinen Füßen lag, blieb er abermals stehen.

Der werdende Entschluß arbeitete sich zur Klarheit herauf. — — „Florian, Florian, hat gelegen sieben Jahr ... siehst de, Tone, alls stimmt. — Sieben Jahr sind um ... auch. — Florian dreht sich um ... nee, das nie: dreht sich em un ledt of dr linka Seite, was er frieher of dr rechta derträn hot. — — Verleicht under dr Fichte denka das Zwee ... aber! Paßt uf! — Florian sticht uf, zieht sich ein reen Hemde a, gieht ei em gekahrta Stiebla; sieht zu em blanka

Fanſter naus; eſt wenns leita tutt un ſchleft ei em ſaubern Bette wie vr ſieba Jahrn, wie er ſich hinleete."

Alles das ſprach er in jenen undeutlichen Murmellauten, mit welchen das Tiefſte aus uns klingt. Das ſo leiſe tönt, weil es ſchon redet, wenn ſeine Stärke eben erſt im Kernhauſe des Willens ſich ſammelt. Dann ſtieg er rüſtig weiter, erleichtert, als ſei er erſt jetzt mit ſeiner Arbeit fertig geworden.

Denn auch ſeine Seele hatte endlich ein Tagewerk vollendet, nach dem er verlangt hatte mit ſeinem ſtumpfen Kummer, ſeiner Verbitterung und ſtachelnden Schwäche. Je höher er kam, deſto wärmer wurde die Luft, als hole er den Strom heißer Menſchengebete ein auf ihrem Wege zum Vater.

Die ſternloſen Weiten der Sommernacht erfüllten gebrochene Stimmen der Höhe, gleich verwehtem Stammeln.

Nichts auf Erden gab Antwort, als das verhaltene Traumſauſen des ſchlafenden Waldes.

Der Schindelmacher fand die Haustür offen; aber alles ſchien in tiefſter Ruhe zu liegen.

Er klopfte an die Tür ſeiner Wirtsleute, weil er ſich erinnerte, daß er auch geſtern um ſein Abendeſſen gekommen ſei: „Seffla! — Seffla! — Ullrich!"

Niemand gab Antwort. Ein Klinken mit dem Türdrücker, ein nochmaliges Rufen blieb auch erfolglos. Nur ganz ſchwaches Kichern glaubte er zu hören, als es ganz ſtill geworden war um ihn.

„Sie lacht. Lon mr'ſche."

Er ſagte es mit überlegener Ruhe und ging in ſeine Stube.

„Manne, manne . . . un drnach."

Mit ſicherem Lächeln ſprach er ſeinen Entſchluß

noch einmal über sich in die dumpfe Nacht, ehe er einschlief.

Vor Sonnenaufgang, in tiefer Dunkelheit, stand Franz auf, zog sich schnell seine Sonntagskleider an, indem er auf nichts um sich her sah und verließ eilig sein Zimmer.
Die Zeit bis zum Frühstück verbrachte er im Freien.
Ullrich ging an ihm vorüber, die Radwer vor sich herschiebend, auf welcher die blinkende Sense lag. Der Kleine fuhr nach Futter und würdigte ihn keines Blickes. Gleichgültig sah der Alte ihm nach. Das Weib haftete ein und aus und tat, als sei er gar nicht für sie vorhanden.
Es störte ihn nicht.
Nach einer Stunde betrat er hinter dem heimkehrenden Manne mit sicherem Schritt die große Wohnstube, grüßte ruhig und ließ sich an dem gewohnten Platze nieder.
Die beiden Leute machten Gebärden des Unwillens darüber. Der Schindelmacher aber begegnete ihrem feindseligen Blick mit solch ruhigem Auge, daß sie verwirrt wurden. Sie verließen das Zimmer und kamen lange nicht wieder zum Vorschein.
Franz machte sich's, überlegen lächelnd, bequem: hängte seine Mütze an den Wandrechen, knöpfte seinen Rock auf und stützte sich breit auf den Tisch.
Nach einer Weile guckte das Weib eilig zur Tür herein. Als sie den Ausgedinger noch immer gemächlich dasitzen sah, warf sie ihm einen drohenden Blick zu und verschwand sofort wieder, indem sie die Tür wild zuschlug.

Viertelstunde auf Viertelstunde verrann.

In dem Kartoffeltopfe begann es zu pfeifen. Das Wasser in einem anderen Gefäß lief stoßweise über.

Franz wich und wankte nicht.

Endlich erschienen die beiden wieder.

Nachdem sie einigemal zwecklos im Zimmer umhergegangen waren, nahm das Weib Kaffeewasser und Kartoffeln von der Platte des Herdes.

„Was machst du da, Weib?" frug Ullrich mit erkünsteltem Erstaunen.

„Nu, ich nehm alls runder. Ich ha keen Hunger, ich ha mich gestern zu sehr geärgert."

„Ich mag auch nie essa," echote der Mann sein eingelerntes Sprüchlein.

„Aber ich," donnerte plötzlich der Alte los, hieb seine Faust auf den Tisch und sprang in die Höh.

„Hier, mein Essen her, da, eene und eene halbe Stunde wart ich druf. Nu is genug," setzte er nach einer Weile drohend hinzu und machte entschlossen einen Schritt in die Stube, nach den beiden hin.

„Gib's ihm! . . . Gib's ihm!" platzte in angstvoller Verwirrtheit der Kleine auf sein zornmütiges Weib los, die vor Wut schon wieder zu zittern begann. Er quirlte in der Stube umher, zog in komischer Entrüstung seine spitzen Schultern hoch hinauf und warf scheue Blicke auf den Alten, der noch immer straff dastand, die Faust steif auf den Tisch gestemmt.

„. . . gib's ihm . . . gib's ihm . . . gib's ihm," wiederholte Ullrich fortwährend in ratloser Ohnmacht. Als er aber sah, daß Franz sich wieder ruhig setzte, überfiel ihn ein wilder Mut. Er rannte an ihm vorüber, spuckte vor ihm aus und rief, seine leise, sanfte

Art ganz vergeſſend, heiſer ſchreiend: „Hier ... da — .. ja ... gib's ihm ... dem, dem ... Pfui Deifel!"

Dann räumte er der Sicherheit halber ſchnell das Zimmer.

Das Weib ſah ſich allein und wagte nun auch nicht mehr, zu widerſtehen. Sie ſchob dem Wartenden verächtlich das Eſſen hin und wandte ſich zum Gehen. An der Tür aber übermannte ſie ihre Wut. Sie drehte ſich um und lachte in gellendem Hohne auf:

„Haha! — ma mecht gar! — So ein alter Kreppaſetzer — — eim Sonntichſtaate — — a em Wochatage — — mh! — mh! — verpocht och a, nu to, do — — heiljes Laba! — Wo gieht n de Freite hin?"

Sie vergaß alle Vorſicht. Mit jedem ihrer erregten Ausrufe trat ſie einen Schritt näher. Nun ſtand ſie dicht vor dem achtlos watereſſenden Ausgedinger.

„Wo gieht n de Freite hin?" wiederholte ſie zornbebend. „Du Wammſer, griß mr deine Zuttel, die..."

Aber ſie konnte nicht vollenden.

Blitzſchnell ſprang Franz auf und packte ſie hart am Handgelenk.

„Ullrich! — Jeſſes Maria! — Hilfee!"

Wie eine Feder flog der Mann herein und, indem er toll auf- und zuſprang, ſchrie er drohend:

„Was? was? was? — laß lus, ſä ich! lus, ſä ich! — Was, du wellſt mei Weib..."

„Hiels Maul du — — Zappelmau!"

Mit herriſcher Plumpheit, voll Verachtung, ſchneidet der Schindelmacher dem Feigen die Rede ab und läßt dabei ſanft die Hand Joſephas fahren.

Darauf ſieht er milde lächelnd und ſtumm von einem zum andern, eine geraume Zeit, und ſeine weiche

Seele sammelt sich von dem Sturm der Empörung. Mit einem freundlich-gedankenvollen Nicken des Kopfes leitet er dann das Folgende ein: „Nch! — nja, ja! — Was seid ihr tomm! — Franz Tone, dr ale Schendelmacher, der sei Lebtag kee Kend nich betribt hot, dich haun, Seffla, jetze, wo under deim Härze schon leise ein andersch, kleenes, zu schlon afengt? — Beileibe nich! — Nee; aber hit't eich, ich bin kee Tännlich; aber auch ein weidner Stecka brecht. — — So, fr jetze is genung. Das andere brengt der Mettich. Em zwölfe bin ich da zum Assen. — — Un nu, ei Gots Nama, alle zwee!"

Mit feierlichen Schritten, ohne sich noch einmal umzusehen, verließ der Alte die Stube.

Betroffen, gedankenvoll verharrten Mann und Weib eine Weile auf dem Platze.

„Was meenst de nu, Ullrich?"

„Haha . . ."

„Ja!"

„Hm, hm. —"

„Ein Laps best de, daß du's weßt."

„Un du?"

So rangen sie gegen die Beklemmung, die der stille Ernst des Alten über sie gebracht hatte. Darnach begab sich jedes schweigend an die gewohnte Arbeit.

Es mochte wohl eine Stunde vergangen sein, als Ullrich von seiner Beschäftigung jäh auffuhr:

„Du," rüttelte er sein Weib an der Schulter, „verreckt is unser Man, das meen ich."

„Wenn de recht hättst, un s wär dr gehlniche Wahnsenn, daß s schnell ein Ende machte. Aber bei dem Alder, wo sol do s Gehlniche herkomma. Mir mach's viel zu gutt mit m," vollendete sie bekümmert.

Niedergeschlagen schafften sie fort.

Die Leute auf den hohen Bergen spielen ein Würfelspiel, indem sie ihr Feld bebauen. Bald treten bei zeitigem Frühjahr späte Nachtfröste ein; bald kommt der Winter zu früh, bald zu spät. Wenn aber ja einmal das gemähte Getreide vollkörnig auf dem Stoppel liegt, entsteht einer jener andauernden Regengüsse, welche in waldreichen Gegenden so häufig sind.

Der einzige Ausweg in den Zeiten der oft wiederkehrenden Not ist der Hunger oder das Geld.

Darum weint man in diesen einsamen Hütten, welche dem Himmel so nahe sind, um einen verlorenen Fünfzigpfennig wochenlang. Läßt ein Kind auf seinnem Wege zum Krämer den Pfennig, für welchen es Zichorie kaufen sollte, achtlos aus seinem Händchen gleiten, daß er sich eilig zwischen den Steinen auf Nimmerwiedersehen verkriecht, so schlagen Vater und Mutter es unbarmherzig, und seine Geschwister sehen es lange scheel von der Seite an, als hafte ein schwerer Makel auf ihm.

Einst aber kam in einer Familie gar ein Talerstück abhanden. Die Leute des ganzen Berges sprachen von dem „Unglück". Der Vater derselben Familie war todkrank. Nach Wochen erhob er sich wohl wieder von seinem Lager. Aber er war wie gebrochen. Es lag eine Schlaffheit über ihm, als habe er einen unersetzlichen Verlust erlitten. Meistens schwieg er wie aus Erschöpfung; seine Unterhaltung waren leidende

Ausrufe: „Ach, nu ja!" — „Nu, nu!" — „Herr du mein!" — „Gotla, Gotla!"

Nur wenn er auf seinen verlorenen Taler zu sprechen kam, veränderte sich sein ganzes Wesen.

Er wartete immer, davon reden zu können. Alles andere ließ er leer an sich vorübergehen.

Dann aber reckte er sich aus seiner Versunkenheit auf; sein Auge begann zu schimmern; seine Arme fuhren eilig durch die Luft. Bald stand er steif und starr in der Stube und stöhnte die Erzählung seines Schrecks heraus; dann kauerte er sich wieder hin und murmelte trostlos von dem ewig Verlorenen.

Gewöhnlich brach er hier ab, nahm die Pfeife, welche ihm ausgegangen war, mit zitternder Hand vom Tische und ging tief erschüttert nach Hause.

Aber der Herrgott erbarmte sich seines Grames.

Einst führte der Arme einen Verirrten aus dem tiefen Walde auf den rechten Weg. Weil der reiche Herr kein kleineres Geldstück bei sich trug, schenkte er dem Führer einen blanken Taler.

Still; zitternd; wie auf den Zehen; in der Nacht; scheu; kam er nach Hause. Bebend vor stummem Glück saß er auf der Bank und seine aus den Angeln gehobene Seele wagte nicht, sich zu rühren.

Als er sich umständlich überzeugt hatte, daß alle Kinder tief schliefen, löschte er das Licht aus. Dann ließ er sein bestürztes Weib in die Hand fühlen, in welcher er den Taler hielt.

„Ein Taler?!" stotterte diese in glücklicher Verwirrung.

„Ein harter ... fester ... Taler, Weib! — Weib!! fiehl od. — Gotla, Gotla!" antwortete er, verzückt hauchend.

Am andern Morgen lag er tot im Bett, ein seliges Lächeln auf seinem Gesicht, den Taler mit der kalten Hand krampfhaft umspannt haltend.

Das Glück hatte ihn getötet.

Dieser Beklagenswerte war der Vater Josephas gewesen. Die inbrünstige Geldliebe hatte sie von ihm geerbt. Aber sie ging nicht ruhig umher wie er. Ihr Naturell hatte diese Schwäche zur Leidenschaft gesteigert, zum Geiz, der scharf wie ein Messer, spitz wie ein Dorn war. Sie schrie fortwährend gellend, als ob sie immer von Dieben umlagert sei, welche durch laute Rufe verscheucht werden müßten.

Nun war sie guter Hoffnung.

Dieser Zustand, der das Wesen des Weibes ja stets so tief beeinflußt, machte ihren Geiz wilder, gieriger, rücksichtsloser.

Und ihr Mann, dem die Natur jede Körperkraft versagt hatte, unterwarf sich dieser Sucht.

Spannend, wie gewisse Raupenarten, schlich er umher, geräuschlos wie ein Reptil, mit süßlichen, lauernden Augen.

Wollte ja seine Kraftlosigkeit in Behagen umschlagen, so wirkte das laute Gekeif seines Weibes wie ein Rutenschlag, der seine dienstfertige Habgier zu neuem Regen brachte. Das waren dann Entschlüsse und Pläne, die sich geheim und kühl in seiner Seele wanden, wie die mageren Leiber hungriger Schlangen.

Der alte Franz ging geraden Wegs, an der Schnur seines unabänderlich gewordenen Entschlusses zu Kroner, dem Bauer.

„Gib mr a Lohn," sagte er schlicht, „ich arbt heite

nich mehr un verm Donnerstag kommende Woche rechn nie of mich."

"Nu ja, du host jo a Sonntichkrom a. Warum du grade of a Donnerstag?"

"Nu 's rechnt sich besser, s is gerade de halbe Woche," antwortete Franz ausweichend. Dann aber, als schäme er sich seines Zagens, setzte er schnell und überlaut hinzu: "Mitwoche is mei Gebortstag, do werds andersch."

"Ja, du meenst met a Ullrich Leita?" warf Kroner zweifelnd hin.

"Jo, un met allem."

"Ha, Aler, wenns och wahr wär. Verrechn dich aber nie!"

"Kroner!... Pauer!..."

Des Schindelmachers Worte klangen wie ein Ausbruch. Doch keine Wildheit verletzte die stete Ruhe seiner Haltung.

"Jo, jo," begütigte Kroner, "ich genn drsch, alle eim Dorfe ... aber, aber ... na, du hest jo gefaßt, da ... acht Mark sein?"

"Hm, hm!"

"Da sein se. — Un of a Denstag komm un hul dr a Gebortstagsgeschänke bei'n mr. — Ei Gots Nama! Gut Glecke vir dr Hand, aler, guder Kalle!"

"Ich dank scheen. Ei Gots Nama."

So ging er. Kein Zweifel an dem Gelingen seines Vorhabens stieg in ihm auf.

Mit einem stillen Lächeln der Gewißheit schritt er wieder den Berg hinan.

Das Mittagessen war vorüber. Der alte Schindelmacher wischte sein Messer am Tisch von den

Kartoffelresten rein, prüfte langsam mit dem Daumen die Schneide, sah forschend seinen Wirtsleuten ins Gesicht, sann wieder eine Weile, an der Schneide entlang schauend, ließ die Klinge dann scharf in die Schale schnappen, steckte das Messer in die Westentasche, schob das leere Geschirr von sich weg, stemmte entschlossen beide Ellbogen auf den Tisch und begann, indem er ein rauhes: „Na!" hervorstieß.

Ullrich und Josepha beobachteten belustigt das seltsame Betragen Franz', lachten dabei ruckweise durch die Nase, stießen sich unter dem Tisch mit den Füßen und saßen dann in komischem Ernst ganz still. Der Kleine zog, um Josepha seine Überlegenheit zu beweisen, seine Brauen bis in die halbe Stirn hinauf.

„Ihr seid jetze sieba Jahr ofm Berge," setzte der Schindelmacher ein.

„Jach, nee, ma mecht gar!" unterbrach ihn Ullrich in höhnischer Verwunderung.

„... ihr hatt aber das, was ..."

„Ullrich, lach och, lach, lach ... hoho, hahaha!" gellte Josepha dazwischen und der magere Mann wieherte gehorsam hinterher.

„... nich was of'm Nagel do ..."

„Zeig amol, was de droffe host!" und Ullrich guckte auf die Hand des Alten.

Der Schindelmacher senkte stumm den Kopf. Sein Atem begann hörbar zu gehen.

„Manne is Sonntich, Seffla, da spiela de Hannig Mädla Popelman," füllte Ullrich die Pause aus.

„Hiels Maul, siehst des denn nie, dr ale Pate werd glei flerrn," verwies es ihm sein Weib und blies zum Zeichen ihrer Entrüstung beide Backen auf.

Nun hob der Alte seine Augen wieder. Sie

waren leicht eingekniffen. Er fixierte beide sinnend und lächelte kalt und überlegen.

Seinen Plan ändernd, begann er wieder geschäftsmäßig. Aber seine Worte kamen, wie über ein Hindernis stolpernd, heraus: „Brengt amol a Kauf har!"

„A Kauf wil a. Lauf Man! Mei allerschinster Got, Jesses, Jesses, a Kauf, a so was zu drlaba. Man schnell, hul a, schnell, schnell! Ich starb a noch vir Kommer."

Das Weib rang die Hände, als komme die höchste Angst über sie.

„Jo, Weib, bale."

Wie ein Ball flog Ullrich gegen die Wand hin, riß von dem dort angeschlagenen Brett eine alte, zerknitterte Zeitung und breitete sie vor dem Schindelmacher aus:

„Hier, Wohlgeboren, Herr Anton Franz vom Eschberge, Anteil Kaltenbach."

Er drängte sich dienstfertig an den Alten heran und machte einen possierlichen Bückling nach dem anderen.

Franz riß hart das Knie zurück, welches Ullrich berührte. Seine Augen weiteten sich, brannten. Aus den Wulsten seiner niedrigen Stirn wich alles Blut. Alle Falten gruben sich tiefer. Aber er bezwang sich mit Gewalt.

„Is das werklich dr Kauf, Ullrich?" frug er, und seine Stimme ward leise.

„Ju, Härr," nickte der Gefragte in blöder Treuherzigkeit.

„Is das dr Kauf?"

Seine Frage kam mit einem vibrierenden Hauchen hervor.

„Ju — Härr — Man —" stotterte in beginnender Furcht Ullrich und suchte an ihm vorbeizuschlüpfen. Aber Franz packte ihn am Genick.

„Is das der Kauf, Perschla? — Du?"

Nun hatte seine Wut die Banden der Geduld zersprengt. Wie zwischen aufeinanderreibenden Steinen wurden die Worte laut: dumpf, knirschend.

Der Kleine machte zappelnde Bewegungen, aus der Faust des Alten sich loszuwinden. In Bangen starrte er in seine furchtbaren Augen und schrie, wie seiner Sinne nicht mehr mächtig, irr: „Ju — Man — dr Kauf — ju — ju... hach — — Seffla..."

Voll Ekel schleuderte der Alte Ullrich wie ein Ungeziefer aus der Hand, daß er in die Stubenecke an das Topfbrett flog. Eine Schüssel fiel von dem Stoß auf den Boden und zerbrach. —

Nun erkannte Josepha den furchtbaren Ernst, riß sich von ihrem Platze los und wollte zur Tür hinaus.

Der Alte vertrat ihr den Weg: „Hier bleibst de. Wer is schuld, daß s aso kemma mußte? — Spielt met wem ihr wellt, met mir nemme!"

Ullrich hatte sich unterdes wieder auf die Beine gearbeitet. Seine Lippen flogen vor Zorn, seine Stirn war bleich wie Porzellan, die Augen flackerten. Hin und wieder fuhr er, wie zur Begründung seiner Wut, ans Knie und stieß einen stöhnenden Fluch aus.

Des Mannes Feigheit brachte Josepha in ekstatische Wut:

„Of de Fräsfe mecht ich dich schmeißa, elendes Gestecke! Da, was suchst de noch? — De Scherba nim un zerreiß dem ala Rendviehche de Larve!"

Mit Fäusten drang sie auf den Furchtsamen ein.

Franz schob sie weg.

„Stelle seidr beede," sprach er drohend, schritt zum Tisch und warf sein Geld auf die Platte. „Hier! — sein acht Mark."

„Das kunnst de bale sän," sprach Josepha schnell begütigt und warf dem Kleinen hinter dem Rücken des Alten einen Blick zu, der soviel sagte als: du hast doch recht, a hat a Wahnsenn, und — an den Tisch herantretend, setzte sie hinzu:

„Do brauchst de a Man nie ufzuschmeißa. —
... ees, zwee, dreie," begann sie nach einer Weile zu zählen, indem sie mit dem Zeigefinger auf die Geld= stücke tippte. „s stimmt!" und wollte den Betrag ein= streichen, weil sie allen Ernstes annahm, „der Bam= asse" sei so verwirrt, daß er sich anschicke, seine Härte auf diese Weise abzubitten.

Aber Franz schob ihre gierige Hand weg und sah sie kopfschüttelnd an.

„Halt! a su meen ichs nie, tommes Weib!"

Dann reckte er sich zu seiner ganzen Größe auf. Ein tiefer, heiliger Ernst senkte sich wie ein Schleier über die groben Züge seines Gesichtes. So ehrfurcht= gebietend sehen nackte Felsenberge aus, wenn der Abend seine ersten Sonnennebel über die stumme Herbheit ihrer Schrunden stäubt.

Und die steingrauen Falten begannen mit mür= rischer Feierlichkeit:

„Der Geizige is auch ein Sauffack: sei Schnaps is es Geld. Das bringt ihn em a Verstand. —

Hätt ich dir mei Werschoftla nie verschrieba, s kennde senn, du häst noch alle Femse als Hofemäd un der als Ochsa — kalle."

Die so Beschimpften rührten sich grimmig. Aber Franz beschwichtigte sie und setzte fort:

„Gut, gut! — s is verbei... verbei..."

Da, ohne daß er es wollte, ging ihm die Stimme aus. Eine nicht zu besiegende Schwäche, die Scham des Toren, kam über ihn aus diesem Gedanken. Nur einen Moment. Dann aber, an dem Stabe seiner wiedergeborenen Innenkraft richtete er sich auf:

„Die acht Mark senn vier Tage, der heil'ge Sennobnd mitgerechnet. Denstag sein se alle. Bis dat hie ga ich dr Zeit, Seffla. Mach alls ei Ordnung ei meim Stiebla, de Diela wasch mr, de Überzüge, a Stab vo a Wända, de Spennweba vo a Fenstern, mei Wäsche mach reen.

s muß andersch wrn, alls, alls, alls!

Ich ha geschlofa — war gestarba — ha getraumt ... was weß ich? — ich seh zurecke, denn mr han ach ennwige Aja, do leits wie ein nebliger Pusch, wie ein dempiger Kaler — — un da — — wach ich uf, un seh mich em: Da lieg ich aler Esel ei der Ecke osm Kehrichte. —

Alls gieht ruf un 'nunder... aber dennoch... amol... Mitwoche is mei Gebortstag... dat muß sichs ändern... muß?... muß?!... mu — u — ß!!"

In Absätzen hatte der Schindelmacher gesprochen; anfangs stotternd; dann zitternd, im Schwung seiner letzten Sehnsucht.

Nun sah er, erschüttert von dem Bekenntnis seiner verzweifelten Lage, die beiden prüfend an. Er bebte in Spannung, gleich einem unheilbaren Kranken, der seine letzte Zuflucht zum Gift genommen hat und nun mit großen, erschrockenen Augen im Bett sitzt und mit klopfendem Herzen auf die Wirkung wartet.

Ullrich und Josepha aber hatten Herzen, die längst unter der unverwandten Selbstsucht erkaltet waren.

Mit Hohn auf ihren betretenen Gesichtern, so erwiderten sie das Forschen seines Blickes. Ihre Seelen blieben abgekehrt.

Darum begann er, von dem hartnäckigen Widerstand der beiden eingeschüchtert, in die demütig-bittende Art verfallend:

„Siehch, Seffla — Ullrich — Kender seid'r geger mir — ich bitt eich, seid gu geger mich. Behandelt mich nie wie en Lumps. Jetze setzt der Zank und Streit of dr Schwelle. Was kan dn nie's Lacha aus- un eigiehn. Seht wie warsch fricher... als de Gatte..."

Er brach stockend ab, ohnmächtig. Sein Gesicht ward im Schreck schlaff.

Das Weib lächelte erleichtert: er is doch erre.

Der Alte stierte in seine Ratlosigkeit: oh! es is alls emsonst; sie lacha dich noch aus.

Einen Moment nur. Dann kam Wildheit über ihn:

„Hm m m m..." ein kochendes Brummen. „Ha!" riß er in verzweiflungsvoller Wut den Kopf herauf, „Verflucht! — Gott strof mich nie — de Peitsche wellt ihr, wie Hunde. Gut, de Peitsche sellb r han. —

Bis zum Denstage komm ich in das Haus nemme. Drnoch, is datt nie alls wie ich gesät ha... seht eich de Scherba a of dr Diele, aso werd alls, so wahr ich Franz Tone heeß."

Mit zitternder Hand strich er das Geld vom Tische und ging ohne Gruß mit donnernden Schritten hinaus.

„Er is verreckt," lachte das Weib hinterher.

„Nu, wie ich säte," bestätigte Ullrich mit Genugtuung.

Oberhalb des Hauses, dort wo in der Wiese die erften Sträucher des Waldes ftanden, hockten in regungslofer, ewiger Plumpheit drei Felsblöcke. Zwei kleinere rechts und links, ein großer in der Mitte. Ihre grauen Leiber, aus deren tiefen Riffen Moos und da und dort felbft Büfchel eines feinhalmigen Grafes hingen, fteckten tief in dem Erdboden.

Auf den größeren zu lenkte der Schindelmacher feine Schritte. Am Fuße desselben ftand er, wie überlegend, ftill. Es war ihm, als habe ein brutaler, unvorhergefehener Stoß feine Gedanken getroffen und von der geraden Straße feines Planes hinabgefchleudert, daß fie weder das alte, fichere Tempo, noch die alte Richtung wiederfinden konnten. Er wußte gar nicht, warum er an dem Steine ftehe, daran hinaufgucke und warte. Doch . . . doch ein traumhaft aufgetauchter Drang hatte ihn hierher getrieben: Dann würde etwas herabkommen auf ihn. So ftand er und wartete. Aber es kam nicht.

Darum kletterte er hinauf und fetzte fich fo zurecht, daß das ganze wellige Flachland drunten vor ihm lag. Und er wartete . . . aber es kam nicht mehr über ihn.

Mit weichen, freundlichen Worten hatte er feinen Wirtsleuten alles fagen wollen. Die Erfüllung hatte er vorempfunden wie die füße Seligkeit eines Marienliedes. Diefe Wildheit aber, zu welcher ihn der Spott feiner Wirtsleute aufgepeitscht hatte, fah er nun an wie die Beftätigung des Mißlingens.

Und dann diefe zornbleichen Gefichter mit dem geheimen Hohne! Dies leife ftechende Lachen des Kleinen, welches er verfchwommen hinter fich hatte aufklingen hören!

Noch standen seine inneren Bilder fest; aber er fühlte einen Wirbel ihnen nahen, es legte sich wie ein erschöpfter Schleier über sie, eine kranke Glut, die alles zitternd umfloß, daß die Umrisse seiner Gedanken und Hoffnungen verschwammen.

"Ach nee," tröstete er sich, "das is bloß de Hetze," und blieb und wartete.

Die Sonnenglut stieg gegen die dritte Nachmittagsstunde noch. Ihn dürstete: er blieb sitzen.

Heimkehrende Steinmetzen riefen ihm zu: er gab sich den Anschein als schlafe er und rührte sich nicht.

Mit inbrünstiger Ausdauer überwand er den Hunger. Hoffend sah er die Schatten des Abends sich in den Tälern einnisten. Erst das süßvertrauende Abendgeläut der Glocken trug eine trügerische Beruhigung in sein flutend gewordenes Innere.

Schnell verließ er seinen erhöhten Ruhesitz. Er spürte, daß es ihm unmöglich sei, einen Blick auf das einsame Haus unter der Fichte zu werfen. Dann konnte jenes Wanken wieder in ihm beginnen.

Darum, fluchtartig, mit eilendem Schritt, rettete er den Schatz schwacher Gewißheit ins Tal.

VII.

... Ob er im Walde schlafe?

Er wußte, wo der Schlüssel zu der Arbeiterschutzhütte lag, die tief im Dickicht des Waldes steckte.

Ob er nach Wangendorf gehe?

Ob er im Dorfgasthause übernachten solle?

Ob er herumstreiche in der schwülen Nacht bis zum Morgen?

Er konnte ja auch bei einem alten Freunde übernachten.

Grübelnd schritt er im Dorfe herab und merkte nicht, daß es schon stockfinster um ihn geworden war.

Da spannte sich ein Lichtstrahl, wie eine dünne, schimmernde Bogensehne, vor ihm in Brusthöhe durch den dichten Nachtnebel.

Wie vor einer festen Barriere prallte er zurück. Rechts, scheinbar weit abseits, schwamm ein roter, in tausend Strahlen zerfließender Lichtfleck. Geäst wob ein wirres Schattengeflecht vor denselben und sog seine zitternden Fäden bis auf den einen ein, der da vor ihm durch das dichte Dunkel gezogen war.

Unzählige Stäubchen tanzten um denselben. Sie drangen feindselig auf ihn ein, als wollten sie ihn wegsaugen. Da und dort war sein zartes Gewebe schon von ihnen zernagt. Zeitweise verschwand er ganz. Aber immer erschien er wieder und arbeitete sich bebend durch den Nebel.

Wie er auf ihn hinsah, spielte sich in seinem Innern ein ähnlicher Vorgang ab. Aus dem wirbelnden Spiel seiner zwecklosen Zweifel bildete sich in mechanischer Weise ein Entschluß. Er floß keineswegs aus seiner entschiedenen Neigung. Gleichgültig strahlte ihn sein verschwommener Wille durch die vergällte Abgespanntheit seines Wesens hin.

Was konnte er denn sonst klügeres tun? Man sah ja keine Hand vor den Augen.

„Ich muß eben eim Dorfe blein," sann der Schindelmacher träge.

In diesem Augenblicke ward drüben, hinter dem Astwerk, eine Tür aufgestoßen. Schritte polterten heraus. Dann hörte er eine tiefe Stimme:

„Verknucht, heite schmeckt dr Schnaps! — Fenster wie ei em Sacke is, was?"

„Ju, a echter treicher Märzanabel," antwortete es krähend.

„Du hoſt ſchonn ehnder was gewonna, ha?"

„Ach," zeterte die hohe Stimme, „wenn Semma Thadees nie met 'm grin' Kenige derzweſcha kam, do riß ich de Tſchatſcherla alle rei. — Verflucht, war dar hortig! Wie a Hahn ſaß a droſſe!"

„Nee, verliern derf dar niſcht," erwiderte der Baß breit lachend.

Dann ward die Tür hinter den ſchweren Tritten wieder zugezogen. Und der alte Schindelmacher war mit dem kümmerlichen Faden Licht in der toten Luft wieder mutterſeelenallein.

„Zum Teirel aju," fuhr er endlich ärgerlich auf, „ich bin ein ſchiener Kalle. Was ſol 'n wern, wenn ich Ernſt macha muß of de Mittwoche, wenn ich bei ſolchner Temmheet daſtieh, un weß nie woher, wohin. Natierlich muß ich ei der Schenke blein."

Und ſchon fühlte er ſich an der Leitſtange durch den Obſtgarten nach dem Gaſthauſe hin

Als er eintrat, fuhren die drei Spieler, die einzigen Gäſte, in die Höh.

„Auch da?" — „Guda Amd!" — „Dich treibt wohl auch dr Nebel rei, gel Tone?" redeten alle zugleich auf ihn ein.

Er antwortete, ſo gut er konnte, und ſetzte ſich vorſichtig an einen unerleuchteten Tiſch.

Der Gaſtwirt, der ausſah wie ein aufrecht gehender Froſch, ſtellte ein Licht vor ihn hin. Franz löſchte es wieder aus und verzehrte im Dunkel ſeine trockene Schnitte Brot zu dem Stück Gallert, das er ſich beſtellt hatte. Nachdem er noch einen Korn getrunken, flüsterte er dem Gastwirt ins Ohr, ob er bei ihm übernachten könne.

„Wellst du a Bette?"
„Was kosten?"
„Femf Biehma."

Von dem erleuchteten Tische her rief neugierig der Krähende: „Was hatt ihr 'n dat zu pischpern?"
„Nuch, Franz Tone wil..."

Der Schindelmacher packte den Gastwirt so erschrocken bei der Hand, daß dieser schnell abbrach und lachend log: „A tut mr beichta."

„Do warscht de nie viel Bieses härn," meinte der wohlwollende Baß.

„Gut," begann der Alte darauf noch leiser als zuletzt. „Wo isn?"

„Of dr Biehne. Du warscht wol fenda."

„Ich denk wol."

Als nach einer Weile die Spieler schreiend über etwas stritten, schlich Franz sich unbemerkt ins Bett.

In tiefer Nacht erwachte er.

Eine wohlige Müdigkeit rieselte durch seine Glieder. Behaglich reckte er sich.

Plötzlich schnellte er in die Höh, als ertappe er sich über etwas Bösem.

„Liegt ener aso, der was Grußes vierhat?" sann er erzürnt. „Wer weech liegt, bleit weech."

Er verließ sofort das Bett, kleidete sich notdürftig an, ging in die Scheuer und legte sich dort in das harte Stroh.

Entkräftet war der Tag schlafen gegangen. Krank stand er auf. Er lag regungslos über den Bergen, in weiße Gewänder gehüllt. Unendlich müde hob er aus den zerwühlten Kissen der Nachtschatten sein Angesicht, das wie überwacht aussah in seiner gleißenden Bläße. Und ein geräuschloser Fieberatem ging von ihm aus, der sich erstickend über die Erde breitete. Diese kauerte zu seinen Füßen und sah in stummer Begierde zu ihm auf. Wie traurig war sie, die gestern noch so gelacht hatte mit kecken Morgenwinden. Ihre leichtesten Gedanken, die Vögel, wie gebannt in Bangen. Wohl begannen sie zu singen; doch unwirsch brachen sie ab.

Fern huben dann die Glocken an. —

Wenn du Schmerzen leidest, die kein Heldenmut tragen, kein Schrei fassen kann, fängst du wohl an, in dumpfer Verzweiflung, mit heißem Atem ein leises Lied durch die geschlossenen Zähne zu stoßen. Dann gehen wankende Töne hin. Mit einem Hauchen setzen sie ein, mit einem Hauchen enden sie. Dazwischen liegen lange Pausen irrer Stummheit.

So, durch die Höhen, klang das Morgenlied des fieberkranken Tages, ein Lallen der Wehrlosigkeit. —

„Nie amol Tau is heite Nacht gefalla," sagte während des Frühstücks der Gastwirt zu dem ihm gegenübersitzenden Schindelmacher.

„Nie amol Tau," wiederholte dieser dumpf wie eine Anklage gegen das Schicksal, und hielt im Kauen inne.

Jene leere, trostlose Starrheit umfing ihn wieder, die sieben Jahre auf ihm gelegen hatte:

Oh, sie warn mir nischt macha, nischt ... kroch es schlaff über den öden Plan seines Bewußtseins.

„Dir warsch wol zu warm im Bette?" schwatzte der Gastwirt weiter.

Doch des Alten ganze Aufmerksamkeit war in kalter Brunst auf sein Inneres geheftet: Un was drnoch ... jaja? — und er nickte der Gewißheit seiner Enttäuschung zu.

„Ja, ja!" wiederholte er laut und sah hart auf den Gegenübersitzenden.

„Nu," sagte der Gastwirt, welcher das als Antwort betrachtete, „do brauchst de auch nischt zu bezahla."

„Gelt nischt, do host de recht," fuhr er in dem Wirbel seines souveränen Grames fort. „Aber ... aber ..." er wollte drohen, furchtbar und toll, und doch war es nur ein Schmerzensruf. Die Wunden seiner Demütigung, die er in der Geducktheit empfangen hatte, legten sich um seine Seele wie ein mit tausend Nadeln gespicktes Netz.

Jäh sprang er auf, daß sein Stuhl krachend umfiel.

„Ich weß wol, du, ich weß wol. Aber ... aber ..."

„Ha, Tone, was kemmt denn iber dich?"

Doch der Krampf seiner empörten Gedanken löste sich nicht.

„Florian dreht sich em! ... nee! nee!" lachte er heiser. „Florian stießt uf, sticht uf!" und er begann erregt durch die Stube zu schreiten.

„Aber Tone!" redete der Gastwirt vorwurfsvoll und faßte ihn am Arme.

„Ju, ju, Schenke, du host recht."

Er kam zu sich und schaute mit furchtsamen Augen auf ihn nieder. Dann aber brach plötzlich sein wun=

der Gram noch einmal auf: „Was zu viel is, is zu viel. Ich ertrags nemme!"

Nun mußte der Gastwirt alles.

„Komm," sagte er ablenkend, „loß dr a Kaffee nie kalt warn. Ärger dich nie. S is nie zu ändan."

„Nee, mir is dr Aptik verganga," wehrte der Alte ab.

„Na, da zieh dr a Spenser a, da giehn mr ei de Kerche. S ward bale achte sein. Eh mr of Wangdorf komma, is neine."

„Jo, Schenke, ich gieh mit. Met Got wil ichs afanga."

Aber in der Kirche fand er doch nicht, was er suchte.

Der Pfarrer predigte über den Spruch bei Matth. 16, 24:

„Wer mir nachfolgen will, der verleugne sich selbst, nehme sein Kreuz auf sich und folge mir nach."

Verloren saß der Schindelmacher da und hörte die Worte von Duldung, Ergebung in den Willen Gottes, von Verzeihung und Milde. Sie stießen ihn zurück in sein unerträgliches Joch. Gott sollte ihn segnen und wies ihn ab.

„Er wird euch nicht über eure Kräfte versuchen," rief der Prediger.

„Aber 's härt nie, nie uf un ich dertrag's nich mehr," antwortete der Schindelmacher für sich.

Der Geistliche fuhr fort, mit seiner singendweinerlichen Stimme zur Selbsterniedrigung zu ermahnen. Eintönig tauchte aus dem trägen Fluß seiner kraftlosen Gedanken der Kanzelspruch fortwährend auf, gleich einer faul platzenden Blase. Die Gemeinde schlief ein. In dem Lichtstreifen, der vom Fenster her wie ein leuchtender Riesenfächer schräg in das heilige Zwielicht der Kirche hing, spielte sorglos der Staub, törichte Menschenworte im ewig lebendigen Licht.

Der Alte ward immer unruhiger.

Er hustete und schneuzte sich, um seine Erregung abzuleiten. Leise floß das sanfte Wimmern von der Kanzel — — — und wieder: „Wer mir nachfolgen will ..."

Der Schindelmacher griff in alle Taschen und suchte etwas. Kaum hielt er es mehr aus.

Es war, als würde er verspottet, vor der ganzen Gemeinde als Wüterich bloßgestellt. Ach! und „sie" waren vielleicht auch da; diese süßen Worte heiligten ihren Haß und ermunterten ihren schmutzigen Geiz ... plötzlich begann er ganz körperlich die Unsumme der kleinen, giftigen Seelenwunden zu fühlen, welche ihre Peinigung ihm geschlagen, in den Zeiten seiner Geducktheit.

Oh, und diese lautkreisenden Worte wühlten wie weiche Fäden in ihnen herum, ein unerträgliches Gefühl, so daß er die Beine zusammenpressen mußte, weil sich plötzlich ein Bedürfnis einstellte.

Endlich: „Amen."

Füße polterten. Die Schläfer fuhren in die Höh, rissen die Augen auf, sahen eine Weile verständnislos umher, beugten sich dann vor, gähnten auf die Pultfläche, schlugen ein Kreuz dabei und sprachen: „Im Namen des Vaters, des Sohnes und des heiligen Geistes. Amen."

Der Schindelmacher griff auch mit erregter Hand sein Kreuz auf die Brust, spuckte dabei ärgerlich aus und dachte: Aus Vichla hat er 's; aber verstiehn tut er vom Laba nie ein'n Dreck. Wie kennt er also tumm warn? — Dann blieb er erleichtert sitzen in dunkler Freude, daß ihm sein Entschluß noch geblieben trotz der Predigt. Mit einem dankbaren Kniefall gegen den Altar verließ er endlich als letzter das Gotteshaus.

Der Platz vor demselben war schon leer. Sperlinge hüpften träge auf dem Sande umher und pickten Brotkrümchen auf. Die Sonne hing hoch am Himmel in dumpf=kochender Glut. Zitternder Dunst lag um die Berge. Ferne Gegenstände sahen darin eigentümlich langgezogen aus: die Bäume, als ob sie auf den Zehen stünden, die Häuser mit unnatürlich gereckten Feueressen. Dazwischen, wie in Ungeduld vielfach gewunden, die Felder.

Ganz in der Weite der Eschberg, wie der müh=krumme Rücken eines Lastträgers, darauf, gleich unförmigen Steinkrappen, Hütte um Hütte: eins, zwei, drei ... bis acht. Von dem letzten links abseits, der Brocken neben dem schwarzen Strich, das war es!

— — Darüber, hinter dem blassen Streifen, im Bogen der Wald.

Ob man die Fenster sieht? — etwas Weißes? — Sie müßte schon lange zu waschen angefangen haben, wenn sie seinen Willen erfüllen wollte.

Der Schindelmacher sah nach einem weißen Punkte so lange aus, bis seine Augen schmerzten; aber er bemerkte nichts, und in seiner Seele entstand ein Knäuel aus krankhafter Sehnsucht, Enttäuschung, Haß, Zittern und wilder Empörung ... in den immer, immer aus den von der Predigt aufgerissenen Wunden langsam, Tropfen um Tropfen, ein stachelndes Gift fiel.

Währenddessen gingen die Leute auf dem Dorfwege, der zugleich Chaussee war, hin und her; Lastwagen fuhren knarrend; eine Droschke rollte vorüber.

Vom Kantorhause herüber drang aus einem weitgeöffneten Fenster lachendes Klavierspiel; Kühe brüllten; Hunde bellten.

Alle diese Geräusche flossen als verschwommenes Brausen an seinem von innen her geschlossenen Ohr vorüber.

Von Zeit zu Zeit starrte seine Seele mit krankhafter Gespanntheit auf das Äußere durch alle Sinne; dann sank sie zurück in dumpfem Gram; dann wand sie sich in Ingrimm; dann tobte sie mit allen Gedanken; stand endlich starr in greller Klarheit ... aber nur, um die Skala der Paroxismen aufs neue zu durchlaufen.

Er begann jede Herrschaft über sich zu verlieren. Durch die Enttäuschungen seines verfehlten Lebens war sein Wille wie toll geworden.

Nur ganz weit in der Innenferne lag in wandelloser Ruhe eine blasse Fläche, seine einzige Gesundheit. Ein zitterndes Locken hing über ihr, wie winkende, welke Arme, ein Himmel, gleich einem süßbrechenden Auge. Und während sich die robusten Glieder seines alltäglichen Wesens in vergifteter Wildheit wanden, wallten alle Feiertagstöne seiner Seele dorthin in wortfremder Stille.

So spielen Frühlingslichter über den stier hinbrausenden Wellen eines entfesselten Baches.

Als er von dem Kirchplatz herabschritt, wußte er wieder nicht, wohin er gehen sollte. Ein Gefühl, dem Ekel gleich, hielt ihn ab, in sein Dorf zurückzukehren. Aber was tun? — —

Laufen — — — laufen — — nach Ringsdorf, da geht die Bahn vorüber; man wartet auf die Ankunft der Züge und sieht, wer aussteigt ... man geht nach Eisenthal an den Hochöfen vorüber ... die Chaussee entlang und sieht das Auf- und Zugehen, betrachtet die Pferde ... mein Gott! — mein Gott! — Himmeldonnerwetter! wenn ich nach Hause komm und alles ist beim alten ...

Aber er fürchtete sich doch vor seiner Wildheit, und er fürchtete sich vor seiner müden Friedseligkeit, die die erste Furcht gebar ... und ... „ich muß, ich muß" ...

Längst lag Wangendorf hinter ihm, rundum Felder mit stillen Ähren. Der Fernendunst war von den Bergen niedergeglitten, der heiße Himmel hing tief und hatte jene hellgraue Farbe, die Eisenplatten vor dem Glühen zeigen. Die Luft, welche der alte Franz atmete, war wie ein brennender Trank. Die starren Berge lagen im Dunst gleich ohnmächtigen Schemen. Da und dort über die blaugrüne, regungslose Ährenweite, ein Strauch, einer wie eine drohende Faust, einer wie eine hilfesuchende Hand mit schmerzgekrümmten Fingern ... über allem aber die nadelzitternde, beklemmende Glut ...

Das Kochen und Drohen, das Zittern und Flehen, das Entgleiten aller stillen Stärke war in ihm und um ihn. Er floh vor diesem marternden Zustand und traf ihn doch überall an, wohin er sich wendete.

Aber wenigstens wenn er so hinschritt in eilendem Gang, fühlte er sich geborgen in der rauhen Schale seiner Leibesgewalt.

So eilte er aus Notwehr durch Dörfer, über Wiesen, auf waldnahen Wegen.

Dann steuerte er nach vollen Gasthäusern. In dem Lärm, der das in seiner Vielfältigkeit eintönige Getriebe seiner Seele übertönte, fand er Ruhe. Irgendein Wort, von einem Nebentische schallend, riß ihn auf und trieb ihn wieder fort.

Von neuem wanderte er.

Bald war er sich des Gelingens sicher: dann streichelte er die Wangen spielender Kinder und gab ihnen Geld; bald schien ihm alles umsonst: dann schleppte er sich müde fort, immer mit sich leise redend; bald kam die Empörung über ihn: dann spuckte er fortwährend aus und erwiderte den Gruß Vorübergehender mit heiserem Lachen.

Unendlich oft blieb er stehen, um nach dem einsamen Haus auf dem Eschberge zu lugen, ob flatternde Wäsche neben ihm hänge. Er wußte genau, daß es zwecklos sei, in dem glühenden Dunst nach Fernem zu schauen, und tat es doch immer in sehnsuchtskranker Friedseligkeit.

Dienstag früh stand er in dem vier Meilen entfernten Wiedenhof auf.

Er frug die Wirtin, deren langes Gesicht aus lauter senkrechten Falten bestand, wie weit es nach Buchdorf sei.

„Acht gude Stunda. Wella Se heite noch hin?"

Er nickte.

„Nu, dat sehn Se, daß Se sich of de Strümpe macha. Heite kemmt a Water; aber ein derbes."

Er bezahlte dem Weibe und ging.

Aus dem kochenden Dunst waren düstere Wolken mit schmutzigroten Rändern geworden. Sie saßen fast auf der Erde. Das Laub der Sträucher und Bäume hing welk. Die Schwalben flogen matt an der Erde.

Die Pferde auf den Straßen trotteten mit krummen Knien und gesenktem Kopfe in einer Wolke von Staub und Bremsen. Wenn sie der träge Fuhrmann mit der Peitsche anspornte, so schlugen sie nur mürrisch mit dem Schwanze, ohne sich im mindesten zu beeilen. Die Finken stießen lange, leidende Rufe aus. Die Schwüle ward unerträglich.

Doch sie spornte ihn an, und je reicher sein Schweiß rann, desto mehr griff er aus.

Mit starken Schritten ging er auf sein Ziel los, wie mit geschlossenen Augen und Ohren.

„Ich muß, ich muß!"

Nur dieser Ausruf. Das war alles in seiner Seele. Sein ganzes Leben hing daran.

Denn vor dem Gewitterkampf ist der Himmel eine einzige, drohende Wolke.

Um Mittag ruhte der Schindelmacher einige Stunden. Dann brach er rasch wieder auf.

Das erste Murren fiel aus den Wolken. Der Wind kam. Der Staub wirbelte schwach-zerreißende Schleier. Die Blätter wurden unruhig und begannen zu zittern. Schauer rannen fiebernd über stille Wasser. Man goß das Feuer in den Häusern aus. Furchtsam redeten die Menschen. Schnell schloß der Tag sein Auge und flüchtete ins Weite. Die Schatten des Abends kamen bebend.

Der Schindelmacher schritt den Eschberg hinauf.

Sein Herz schlug und die ersten großen Tropfen pochten auf die angstvoll tönenden Holzdächer.

Er beeilte sich.

„Wenn's aber nie is, wenn's aber nie is," zitterte es durch ihn hin aus Angst vor dem, was dann kommen mußte.

„Ach nee! — Ach nee!"

Aber seine Beine wurden stumpf, je näher er dem Hause kam.

Es war, als fielen seine Füße in weichenden Boden. Er mußte hart auftreten, um nicht umzufallen. Nun donnerten seine Schritte an dem erleuchteten Fenster vorüber.

Josepha und Ullrich saßen am Tisch.

Das Schüttern jagte sie auf. Aber ihre Tür blieb geschlossen.

Jetzt stand Franz im finstern Hausflur still und atmete einigemal schwer und unschlüssig.

Dann trat er mit kalter Betäubtheit in seine Stube ... — —

Muffige Luft wie immer!! —

Er wollte ein Streichholz anzünden. Allein seine Hände wurden geworfen, daß ihm die Schachtel zu Boden fiel. Achzend bückte er sich und griff mit steifen, absterbenden Fingern umher. Als er sie fühlte, vermochte er seine Hand nicht zu schließen.

Endlich — endlich zischte das Licht auf ...

— Der Sturm begann donnernd. —

Alles wie er es verlassen hatte: das Bett zerwühlt, vor Schmutz starrend; die Spinnennester hingen wie schwere Staubbeutel in den Ecken; der Fußboden schwarz wie Stalldielen; unter dem Tisch seine zerlumpte, stinkende Wäsche.

Gierig sah er auf alles. Mit hungrigen Augen sog er. Immer von neuem begann er die Verwahrlosung zu betrachten. Er genoß sie wie ein rauschendes Gift. Davon züngelte es in ihm auf: heiß, erstickend.

Der Sturm wuchs draußen. Der Wald heulte auf. Der erste Blitz! Und ein Donner, daß das Häuschen bebte. Das war ein Stoß vor die Brust des Alten. Ein gellender Kommandoruf.

Der Schindelmacher erblaßte noch mehr und stutzte eine Weile. Doch nun begann ein furchtbares Wetter: die Regengeißel, mit ihren Millionen von peitschenden Strähnen prasselte unaufhörlich über den Rücken der Sturmwölfe hin, daß sie, in Tollheit aufschreiend, durch die Luft jagten und die Blitze aus ihren lechzenden Rachen stießen. Die Felsen stöhnten mit scharfkantigen Kehlen, die Wassere lachten in plärrendem Wahnsinn.

Dieser Jubel der Vernichtung riß das Flimmern der Betäubung aus der zusammengeschnürten Brust des Alten und entfachte seine Wut zur Raserei.

„Haha!"

Es stieß ihn zur Tür hinaus.

Schrill lachte er, wie ein entgleisender Zug pfeift.

Neben der Tür im Hausflur lehnte ein eiserner Pürdel, wie ihn Steinmetzen zum Steinespalten benützen. Den ergriff er. Und als sein Arm den schweren Hammer spielend in die Luft schwang, kam das volle Bewußtsein seiner unbändigen Kraft wie eine wilde Verzückung über ihn.

„Haha!" überschrie er die Donner, welche wie Eisenstangen klirrten, „Bums! — Krach! — Zisch! — Zisch!

Besser! Mehr, mehr! — — Alls zerschlon mr, gell ok, alls, alls! — Helft mr, helft mr! Arm missa se warn!"

Beschwörend breitete er die Arme nach dem empörten Himmel. In tollem Tanzschritt stürmte er dann über den Flur. Die Tür der Wirtsleute war noch immer verschlossen.

„Uf!" schrie er und stieß mit dem Fuß daran.

„Aler, blei braußa, ich rat drsch!" drohte Ullrich mit überschnappender Stimme von innen her und räusperte sich zweimal Mut ein.

Doch zwei Schläge mit dem Pürdel. In Trümmer fiel die Tür in die Stube.

„Nu aber raus!"

Mit einem kampfbereiten, anfeuernden Fluch fuhr Josepha von der Bank auf. Der Kleine stürzte sich mit einem Messer auf den eindringenden Schindelmacher. Der fing ihn mit einem Griff an der Brust auf, rannte ihn einigemal an die Wand, daß er lallende Gurgeltöne ausstieß und warf ihn dann mit einem mächtigen Schwunge hinaus, den Blitzen zum Fraß vor. Wimmernd schlug der Gezüchtigte in die tiefen Pfützen.

Entsetzt sank das Weib über den Tisch, in wahnsinniger Angst das Holz desselben küssend.

Indessen hatte Franz draußen den Kleinen aus seiner Betäubung wieder aufgestoßen und trieb ihn nun mit drohenden Flüchen ins Weite. Denn alles Stille schien aus dem grauköpfigen Alten geschwunden zu sein. In schlenkernden Sätzen sprang er dem Fliehenden nach; seine Seele schäumte in wutröchelnden Gedanken, jedes Glied, jede Fiber seines Lebens tobte für sich. Er raffte Erde auf und warf sie knirschend von sich; er stöhnte. Aber kein Schrei war so rauh und laut, kein Fluch so wild, keine Gebärde so rasend, um das ganze Lechzen seines Innern zu fassen. Er hätte sich auf die Erde werfen und heulend um sich beißen mögen.

Plötzlich erinnerte er sich, daß das Haus noch stehe und erschrak. Fliegend rannte er zurück.

Als Josepha den polternden Schritt des Schindelmachers hörte, riß sie sich auf. Sie begann zu beten, lief umher, griff nach allem und ließ alles wieder fallen. Endlich raffte sie einen langschäftigen Stiefel ihres Mannes auf und lief verstört-wiehernde Laute ausstoßend an dem Schnaubenden vorbei ins Freie.

"Raus! — s war de hechste Zeit. Wer sich noch a mol reiwagt, den derwerg ich wie eu'n Karneckel!" brüllte er ihr nach.

Nun begann er alles zu verwüsten: er schmetterte die Fenster hinaus und zerschlug alles Gerät. Aus den Kasten nahm er die Kleider und riß sie in Fetzen. Dabei fiel ein goldgefüllter Strumpf zur Erde. Als er das Geld sah, ward er wie wahnsinnig. Ausspeiend trat er immer wieder darauf, daß die Maschen platzten und die Münzen in der Stube umherrollten.

"Verfluchtes Geld!" und stieß immer aufs neue den Absatz seines rechten Fußes in den Reichtum, "dreimal verfluchtes Geld! Schenderknechte seid ihr finklicha Hunde! Wampatiere, die de Menschablutt glatt macht."

Und er bückte sich und warf alles hinaus.

Dann stürzte er sich wieder auf sein Zerstörungswerk. Die ruhelosen Donner trommelten ihn zu neuem Sturm, und die Blitze leuchteten wie willige Fackeln. In Raserei schlug er um sich. Sein Gesicht war verzerrt. Von Zeit zu Zeit lachte er in rauhem Triumph.

Jetzt war alles vernichtet. — Stolz und still sah er eine Weile auf sein furchtbares Werk.

Plötzlich!

"s Dach! s Dach!" jubelte er und stürmte auf den Boden.

Der Pürdel sauste gegen die Schindeln, daß ganze Scharen ins Freie flogen. Der Sturm zwängte sich durch die Löcher. Der Dachstuhl ächzte.

„Pack a! — Pack a!" stachelte der Schindelmacher den Sturm ungeduldig an. Aber noch widerstanden die schwankenden Balken. Da schmetterte der Alte noch die Bretter der Giebelwand hinaus.

Das war kein Mensch mehr, es war ein Teil der blinden Naturkraft geworden. —

Nun begann der Dachstuhl zu wippen.

„Los! — Los! — schmeiß a em, verflucht! schmeiß a em!" eiferte er begeistert und rettete sich hinab. Endlich krachte es ohrenzerreißend, und der Wind floh johlend mit dem Dache davon, um es dann prasselnd auf eine nahe Steinrücke zu werfen. Die Steine der nachstürzenden Feueresse fielen polternd auf den Bretterbelag des Bodens. Die Regenflut rann plätschernd die Stiege herunter, und bald sickerte das Wasser durch alle Risse der Decke.

„Haha!"

Der Schindelmacher hüpfte zwischen den Trümmern umher, klatschte in die Hände und lachte glücklich.

„Arm missa se warn. Was ich gegan ha, kan ich auch wieder nahma. Haha!"

Aber noch standen die Feldfrüchte, ein schöner Reichtum.

Pfeifend ergriff er die Sense und begab sich an die Arbeit.

Was der Sturm und Regen nicht vernichtet hatte, mähte er nieder. Die Sense funkelte im Schein der ferneren Blitze. Seine Haare hingen in Strähnen wirr über sein Gesicht. Die Kleider beschmutzt, in

Fetzen; aus vielen Wunden blutend, die er sich an Nägeln und Holzsplitten gerissen, so arbeitete er rastlos fort.

In der Ferne irrte das Wimmern der Vertriebenen.

— — — — — — — —

Dann fiel der Regen leiser. Die Blitze hoben ein paarmal noch ihr bleiches Haupt mit müdem Zucken. Der Himmel hellte sich auf, und der Wald atmete erleichtert. Zuletzt war es ganz still wie in dem Herzen eines schlafenden Kindes, und man hörte nichts als das Sausen der ruhlosen Sense.

Langsam rückte der Schindelmacher schrittweise vor.

Der Rausch war von ihm gewichen, und wenn er sich aufrichtete, fuhr er schwer mit der Hand über seine wulstige Stirn, um etwas Quälendes wegzuwischen.

— — — — — — — —

Der Morgen kam eben. Man sah, wie die Sohle seines glühenden Fußes den Wald berührte.

Da sank der letzte grüne Halm unter der vernichtenden Schneide des alten Franz.

Er warf die Sense hin und ging ins Haus zurück.

Während er hinwandelte, sank die schwache Reue vollends zurück, und ein seelisches Lachen kam über ihn.

Er fühlte sich stark, genesen von den Wunden seiner Demütigung.

Die Last seiner peinigenden Dumpfheit und Erniedrigung war abgewaschen.

Süßer, verlockender lag die blasse Fläche in der Ferne seines Bewußtseins.

Mit heimverlangenden, brünstig vorgestreckten

Armen schritt die Sehnsucht seiner Seele jener flimmernden Unfaßbarkeit entgegen.

Ihr Gang war frei und schwebend wie der Flug der Falter; denn sein Wesen hatte das Gehäuse seines verfehlten Lebens zerschlagen, das sie gefangen gehalten.

Mit dem wiedergeschenkten Lächeln seines friedseligen Kindergemütes schritt er durch das Tor des Todes.

In der Ecke, wo sein Weib gestorben war, steckte ein langer Nagel. Daran schlang er einen Strick.

„Gatte, etz komm ich!" flüsterte er voll furchtsamen Glückes und legte den Kopf in die Schlinge. —

Darauf kam die Sonne und drückte ihm die Augen zu. — —

Nachwort

Im Schaffen Hermann Stehrs gibt es im Grunde nur ein einziges Problem: das religiöse. Und die Entwicklung Hermann Stehrs ist der Weg des Dichters zu Gott. So sehen wir heute den Sinn seiner Schöpfungen, weil wir das Werk des Sechzigjährigen, rückblickend, überschauen können. Als aber um 1900 Stehr in seiner gedrücktesten Zeit mit den Erzählungen „Der Graveur", „Meicke, der Teufel" und „Der Schindelmacher" sich aus der inneren Not den Weg bahnte in das sinnvollere Reich der Dichtung, da war man geneigt, ihn dem Naturalismus zuzuzählen, der damals in Blüte stand. Die Widmung des ersten Romans „Leonore Griebel" an Gerhart Hauptmann und die freundschaftliche Verbindung der beiden in damaligen Jahren (von der Stehr einmal ein hübsches Kapitel erzählt hat) mochten weiter zu solcher Abstempelung verführen. Aber sie wäre ganz verfehlt und ohne Sinn. So wie man das Spätwerk Gerhart Hauptmanns einst nur bedenken wird, weil der junge Hauptmann des Naturalismus sich ein Recht dazu erworben hat, so wird, umgekehrt, das naturalistische Frühwerk Hermann Stehrs niemals übersehen werden, weil das überragende Schaffen des Reifenden, das vertiefte Lebenswerk der Spätzeit die Kenntnis der Jugendarbeiten immer wird notwendig erscheinen lassen. Eine Novelle wie „Der Schindelmacher", die Darstellung der aufkeimenden Rache des alten, ausgenutzten, vernachlässigten und sich schließlich aufbäumenden Einsamen, wird wegen der mitreißenden und konsequenten Kraft der Darstellung immer lebendig bleiben, weil sich niemand dieser Tragödie, für die man an eine Gestalt wie Shakespeares Lear erinnert hat, entziehen kann.

Aber: Hermann Stehr ist kein Naturalist, da ihn das Problem dieser Kunstrichtung (die für die Entwicklung unserer Dichtung einmal als Durchgang notwendig war) gar nicht an sich interessiert, das Problem: die Umwelt auch im Unwesentlichsten mit dichterischen Mitteln naturgetreu einzufangen. Stehrs Ziel ist das Seelische, auch damals schon; man sieht das an dem „Schindelmacher" deutlich. Und bereits ihm Jahre 1903 war an der kleinen Erzählung „Das letzte Kind" der eigentliche Stehr zu erkennen; denn hier quillt aus der schlesischen Arme-Leute-Welt ein Märchen vom Tode heraus, individuell erlebt und in tröstliche Allgemeingültigkeit emporgestaltet. Der Gottsucher Stehr wird an dem aufreißendsten Ereignis im Menschenleben fühlbar. Wiederholt ist dann später, z. B. im „Wendelin Heinelt", Stehr diesen Weg der Märchendichtung gegangen, besonders vertieft und vollendet im „Entlaufenen Herz", dem beglückenden Lied von der ewigen Sehnsucht des jungen Menschen nach Liebe, von der ewigen Liebe der Mutter zum Kinde.

Bevor indes Stehr den festen Grund seelischer Sicherheit, das ersehnte „friedvolle Einssein" errungen hat, sind Jahre schwersten Kämpfens und Suchens vorangegangen. Dieses Ringen um Ziel und Weg, um Weltanschauung und künstlerischer Gestaltung war ein Kampf von erschütterndem Ernst, von aufwühlendem Verzehren in sich selbst, mit einer Ehrlichkeit und Unnachgiebigkeit durchgefochten, die wir staunend am Werke Stehrs nacherleben, nacherfühlen können. Der junge Stehr hat im Ringen um Welt und Gott noch nicht die Kraft zu befreiender, aufrichtender Lösung; aber schon der Mut, zu bekennen, einzureißen, war erstaunlich. Stehr geht den Weg nicht etwa als gott-loser Mensch, er geht ihn als gott-sehnsüchtiger Mensch; er sucht den unmittelbaren Weg zu Gott, dem er mit voller Verantwortung vor die Augen treten will. „Ohne Verhüllung von Dogma, ohne Gleichnis" soll der Weg sein; wie die deutschen Mystiker, wie Meister Ekkehart, „reinste und inbrünstige Christen", will er ganz nach innen leben und ohne dogmatische Vermittlung schon hier auf Erden Gott finden, fühlen, in sich tragen. Den alten Gott zertrümmert Stehr und stellt diese Epoche des Kampfes dar in dem „Begrabenen Gott". Hier vergräbt Marie Exner, vom Leben gehetzt, von seiner Brutalität zermürbt, das Bild ihres Gottes, der bisher ihre Zuflucht war und ihr nicht gegen die Keulenschläge des Schicksals hat helfen können: „Oh, du verfluchter Glaube!" Düstere, herbe, trübe Welt ohne den geringsten Schimmer versöhnender, trostgebender Zukunftshelle. Mit einer Offenheit, wie wir sie (maßstabmäßig im Menschlichen, ohne künstlerische Parallelität) ähnlich rückhaltlos bei Strindberg gesehen haben, läßt Stehr uns die Schwere im Suchen nach neuen inneren Möglichkeiten miterleben in dem Bekenntnisbuch: „Drei Nächte". Wir spüren zwar noch einmal die aufschreiende Verzweiflung, aber aus der Beichte, die eine Fülle persönlicher Erlebnisse aus der Entwicklung Stehrs enthüllt, klingt schon leise der Ton der Hoffnung, die Zuversicht des Ringenden, ans Ziel zu gelangen. Ohne diese Zuversicht, um den Weg zu wissen, hätte Stehr nicht die „Geschichten aus dem Mandelhaus" schreiben können; alles Quälende, Bohrende, Düstere ist schon verscheucht, und die beglückende Heiterkeit des Märchens, die erquickende Kraft einer Kinderseele lassen die einsetzende Wandlung ahnen.

In schrittweisem Vordringen klimmt der Bergsteiger Stehr auf den Gipfel, von dem aus er, befreit und befreiend, die Welt überblickt und Zeugnis ablegen kann: „Der Heiligenhof" ist sein Glaubensbekenntnis. Ein kurzer Satz gibt es wieder: „Seiner Seele dienen". Das heißt nichts anderes als: Gott dienen, Gott in sich lebendig und wirksam halten. Denn Seele und Gott sind für Stehr nur verschiedene Benennungen für eine und die gleiche Macht: „Das unbezeichenbare Wesen, das den Grund der Welt bildet, es ist auch unser tiefstes Wesen." Wir nennen es außer uns: Gott; in uns nennen wir es: Seele. Je tiefer der Mensch in den Grund seiner Seele eindringt, desto näher ist er Gott, um so stärker erlebt er Gott. Wir müssen also „mit immer reinem Geist und Willen uns immer höher bauen". Wir können und sollen Gott hier auf Erden erleben, die Seligkeit des Himmels auf diese Welt, in unser Herz herabziehen: Die Diesseits-Seligkeit des verantwortungsbewußten Menschen — das ist die erkämpfte, beglückende Weltanschauung des Dichters. Wer zu Gott den Weg finden will, der „muß in sein tiefstes Inneres sinken, und wenn alle erst einmal den Mut haben, nach den Gesetzen ihres tiefsten Innern zu leben, dann wird der Himmel auf Erden sein." So rundet sich der Weg: dem Tod hatte Stehr schon frühzeitig den Stachel genommen; er hat im „Heiligenhof" den Weg gezeigt, Gott in uns selbst Altäre zu errichten. Denn im letzten ist dann der Tod nur „eine andere Eigenschaft des Lebens", die Dinge dieser Welt, alle bloßen Realitäten gewinnen erst Sinn, wenn man lernt, hinter sie zu schauen. „Wer sein empirisches Ich als sein wahres Selbst ansieht, den muß die Weltangst töten." Sehr bezeichnend darum, daß Stehr seine Weltanschauung in dem Roman erleben läßt an einem Mädchen, das blind geboren ist; ihr Weg ist die visionäre Schau des Mystikers; ihre sichere Gottverbundenheit gibt ihr die Kraft, befreiend und vertiefend auf ihre Mitmenschen zu wirken. Sie hat Gott in sich, weil sie ihrer Seele dient, frei und nicht abhängig von den Gegebenheiten der äußeren Erscheinungswelt. Hermann Stehr hat auf seiner Fahne „kein Tier und keinen Leichnam gemalt, sondern das Bild eines glückvollen, lebendigen Menschen". Sein Bekenntnis ist zwingend und lebenssteigernd und frei von jeder unfruchtbaren Askese gegenüber dem Lebensjubel, gegenüber der Welt und ihren großen Freuden, in der Stehr mit beiden Füßen feststeht, die er mit willigen Armen umfängt. Man erlebt auch an dem Menschen Stehr die beseligende Einheit von Weltanschauung und Wort, von Dichtung und Leben und fühlt den seelischen Reichtum sich in Güte und verstehende Weisheit umsetzen. Aus diesem Reichtum des Göttlichen in ihm konnte er das tiefe Wort sprechen: „Die unbegrenzte Liebe der Menschen zueinander ist die einzige Offenbarung des Gottes in uns und des Weltgottes, die ein und dasselbe sind." So steht Hermann Stehr führerhaft in unserer suchenden Zeit, der sein Schaffen den Weg weist zur seelischen Einheit und seelischen Ruhe, die kein Quietismus ist, sondern stille, schaffende, verantwortungsbewußte Kraft zur Tat und zur Freude.

☆

Stehrs äußerer Lebensweg ist nicht sehr sonnig gewesen: die Frau des Sattlermeisters Robert Stehr in Habelschwerdt (Schlesien) hat ihr drittes, schwächliches Kind, das ihr am 16. Februar 1864 geschenkt wurde, treu behüten müssen; in der Schule war der Junge kein bequemer Zögling. Seine keineswegs nur flüchtige Absicht, zur Bühne zu gehen, billigte der Vater nicht. So wurde Stehr Volksschullehrer und hat noch bis 1911 dieses Amt ausgeübt, erst zuletzt in befriedigenden Verhältnissen in Dittersbach, vorher in einem unmöglichen Dorfe in unsäglicher innerer Not, belastet durch verständnislose Schikane seiner Behörde und seiner Kollegen. Schon der ganz junge Lehrer hat treffsicher alle Schulnot und Schulreform und ihre Lösung mit dem Satze erkannt, daß der einzige Weg, die Jugend zum Idealismus zu führen, in der Persönlichkeit des Lehrers liege. Im Jahre 1915 zog der Dichter, der seine Tätigkeit an der Jugend nicht leichten Herzens aufgegeben hatte, nach Warmbrunn in sein Mandelhaus.

☆

Im Verlag Friedrich Lintz in Trier erschienen in neun Bänden, von Max Tau besorgt, Hermann Stehrs „Gesammelte Werke". Diese Ausgabe enthält nicht nur die großen und entscheidenden Werke Stehrs und dazu den jüngsten Roman „Peter Brindeisener", der vieles am „Heiligenhof" neu und vertieft sehen lehrt, sondern auch mancherlei kleinere und größere Prosaerzählungen, ferner die Gedichte („Das Lebensbuch") und vor allem die Auswahl aus Stehrs Tagebuchaufzeichnungen, die den Menschen und sein Wesen öffnen und seine Stellung zu den Fragen des Lebens und des Wissens, der Kunst und des Tages, der Seele und des Glaubens beleuchten.

Hans Knudsen.

Werke Hermann Stehrs

Der Heiligenhof
Roman. 15. Auflage. Zwei Bände

Peter Brindeisener
Roman. 11.-20. Tausend

Der Schindelmacher
Novelle. 3.-5. Aufl.

Der begrabene Gott
Roman. 7. Aufl.

Das Abendrot
Novellen. 3.-5. Aufl.

Leonore Griebel
Roman. 34. Aufl.

Auf Leben und Tod
Zwei Erzählungen. 3. Aufl.

Drei Nächte
Roman. 13. Auflage

Das letzte Kind
Erzählung. Vergriffen

Die Krähen
Novellen. 1.-4. Aufl.

Meta Konegen
Drama

Geschichten aus dem Mandelhause
4. Auflage

Wendelin Heinelt
Ein Märchen

Das entlaufene Herz
3.-5. Auflage (enthält u. a. Das letzte Kind)

Ein Lebensbuch
2. Auflage

Ausführlicher Prospekt über die neunbändige Gesamtausgabe der Werke des Dichters steht auf Wunsch gern zur Verfügung

*

Friedrich Lintz Verlag / Trier

Moderne Autoren
in Reclams Universal-Bibliothek

Hermann Bahr: Die schöne Frau. Novellen. Nr. 6451

Svend Fleuron: Die Marodeure des Sees und andere Tiergeschichten. Nr. 6554

Friedrich v. Gagern: Der Marterpfahl. Novelle. Nr. 6533

Max Halbe: Frau Meseck. Eine Dorfgeschichte. Nr. 6561

Gerhart Hauptmann: Bahnwärter Thiel. Novellistische Studie. Nr. 6617

Ricarda Huch: Der neue Heilige. Novellen. Nr. 6481

Emil Lucka: Thule. Eine Sommerfahrt. Nr. 6534

Thomas Mann: Tristan. Novelle. Nr. 6431

Josef Ponten: Die Insel. Novelle. Nr. 6261

Jakob Schaffner: Die Mutter. Nr. 6500

Arthur Schnitzler: Die dreifache Warnung. Novellen. Nr. 6458

Karl Schönherr: Die erste Beicht' u. andere Novellen. Nr. 6459

Hermann Stehr: Der Schindelmacher. Novelle. Nr. 6541

Stefan Zweig: Angst. Novelle. Nr. 6540